Cambiando el foco

Cambiando el foco

Herramientas para centrarse en lo que realmente importa

Marta Ruiz de Azcárate

VERGARA

Papel certificado por el Forest Stewardship Council®

Primera edición: enero de 2023

Printed in Spain – Impreso en España

ISBN: 978-84-18045-56-1
Depósito legal: B-20.302-2022

Compuesto en Llibresimes, S. L.

Impreso en Romanyà-Valls
Capellades (Barcelona)

VE 4 5 5 6 B

ÍNDICE

A Fernando, porque tú fuiste el inicio de todo lo NUESTRO.
A Pablo, Ana, Ignacio y Mateo porque enfocáis
el cambio de nuestra familia.
A ti, Dios mío, por ponérmelo tan fácil

PREMISA

Mira, te voy a contar un poco cómo surge la historia de este libro.

Cuando empieza un año nuevo, me asaltan las ideas de objetivos por cumplir. Tal vez, como soy una persona peculiar, mi forma de plantearme estos objetivos tan grandes sea también algo peculiar. Así que, cuando empiezo el año, cojo papel y lápiz y escribo cosas para las que estoy preparada a recibir del año que empieza. Sí, puede parecer algo friki decir esto, pero es la verdad; estoy harta de ponerme las metas de siempre: querer ir a más, dar más, nuevos proyectos, nuevos logros, otro máster... ¡Basta! Creo que la vida no va de eso. Creo que la vida va de saber ser, de contar con uno mismo, de saber cuáles son tus limitaciones, tus recursos; en definitiva, va de saber la persona que soy y de si quiero cambiar algo. Porque creo que la verdadera felicidad está en ser quien soy en el momento que vivo. Suena inquietante, ¿no?

Pues yo tengo claro que esto no lo va a regir una sociedad, no lo va a regir unos estándares o unos cánones de éxito, de popularidad. No. ¡Esto lo voy a decidir yo! Y como lo voy a decidir yo, a principios de año, con los recursos que tengo, con el tiempo que tengo, con mis capacidades, mi familia, etc., lo que hago es escribir:

¿Qué cosas estoy preparada para recibir de la vida?

Te sorprenderá saber que entre los objetivos para el 2022 puse «escribir un libro», así de rotundo. (*Nota de la autora:* esto no quiere decir que no me sorprendiera muchísimo recibir el email de Vergara sobre si quería escribir un libro. Una cosa es estar preparada y otra es tener la certeza de que se va a materializar, porque certezas en esta vida... creo que solo tengo una, y con esa me basta).

¿Por qué escribir un libro? Fácil: porque me gustaría que todo el mundo tuviera acceso a la idea de cambio, de persona, de foco, de comunicación, de inteligencia emocional, de sentido de la vida y de muchas otras cosas que yo tengo en mi cabeza, en mi corazón, y que traslado a mis manos. No por nada, sino porque veo que han ayudado a miles de personas, ¿y por qué no pueden ayudarte a ti?

Así que este libro no es nada más que un compendio de todo eso, con la esperanza de que a ti, querido lector, las cosas que voy a escribir las pongas todas en tela de juicio, las pongas en «cuarentena», y sean tu inicio a la reflexión, que contrastes con tu esencia, que te hagas preguntas. Es lo único que te pido, que es fundamental. Solo así este libro cobra sentido, porque tú eres el que da sentido a todo lo que aquí hay escrito.

De modo que, si quieres seguir leyendo, es porque has decidido emprender este cambio de foco. Pues bien, a través de estas líneas puedo decirte: estoy aquí para ti.

Te agradezco no solo que tengas el libro en tus manos, sino que hayas decidido adentrarte en el apasionante mundo de cambiar el foco. Espero que llegues a apasionarte de ser quien eres tanto como yo me maravillo cada vez que alguien viene a mi consulta y me descubre su maravilloso y único mundo interior.

Sin más preámbulos, te dejo disfrutar de la lectura.

Un besiño,

MARTA

PRÓLOGO

DEL MIEDO A LA CONFIANZA

Escribo este libro en un momento de la vida en el que todo el mundo vive bajo el yugo del miedo. Estamos viviendo una pandemia mundial, una guerra en Europa que nos deja absolutamente inseguros, indefensos, y lo estamos afrontando como podemos, con el estado de hiperestimulación en el que vivimos. El mundo va muy rápido y nosotros somos muy lentos, porque es así; los seres humanos cambiamos, cierto, pero necesitamos tiempo, y nos hemos dado cuenta de que nuestra velocidad de adaptación se está quedando atrás a la hora de afrontar la ingente cantidad de acontecimientos que nos asaltan cada día. Nos hemos dado cuenta de que el mundo en el que vivimos no es un lugar seguro. No sé si somos muy conscientes, pero nuestro corazón (y nuestro cuerpo) nos están avisando. Sentimos que no nos podemos fiar de él y eso nos catapulta en un estado de miedo permanente. Podríamos hablar de secuestro emocional. Ante todo, sentimos miedo, y luego ¡ya vendrá lo demás!

El miedo no es más que confirmar que el mundo que yo espero no es. Y esto me genera desconfianza ante mis capacidades para afrontar esta nueva realidad tan cambiante y que no responde a mi ideal inicial. Desconfío de las capacidades del otro para que, juntos, seamos capaces de cambiar el mundo en el que sobrevivimos en un lugar en el que podamos vivir. Y este cambio de paradigma entre lo que deseo, que es vivir, y lo que hago en el día a día, que es sobrevivir, me genera emociones como, por ejemplo, el miedo.

El miedo es una emoción básica. Somos capaces de reconocerla independientemente del lugar en el mundo en el que hayamos nacido; además, tiene un patrón específico y universal para su comunicación configurado por la postura corporal, la expresión facial y la prosodia del lenguaje; es decir, el tono emocional del que habla. Por otro lado, es una emoción negativa. ¿Y qué significa esto? A mí me gusta mucho más llamarla «emoción displacentera», porque responde a un estímulo que no me gusta, me hiere, me incomoda o me ataca, y, por lo tanto, me genera una emoción como es el miedo. Pero en ningún caso diría que el miedo es un estado normal o natural de la persona, porque, por muy común que sea sentirlo, no es un estado en el que el ser humano pueda vivir plenamente, pueda ser.

De hecho, nadie se encuentra naturalmente cómodo bajo el yugo del miedo, y para poder dirigirnos allí podríamos preguntarnos: ¿qué es lo contrario del miedo?

Te dejo tres opciones:

- La seguridad.
- El control.
- La confianza.

Pensemos por un momento que es la seguridad. Parece bastante factible, ya que en un mundo como el de hoy, donde todo se gestiona a base de seguros (seguro médico, seguro del hogar, seguro...), tal vez asegurar un bien nos facilita convivir con el miedo, actúa de compensación. Y en el momento en que pierda ese bien asegurado, mi seguro me devolverá una cuantía económica para compensar mi pérdida. Hasta ahí te lo acepto. Pero, si estamos hablando de un seguro de vida, ¿es capaz este de compensar la pérdida del ser amado?

El seguro tiene que ver con el riesgo que yo asumo. Veámoslo de un modo más sencillo con el ejemplo de un inmueble. Yo tengo un capital, un dinero ahorrado, ¿de acuerdo?, y el inmueble vale otra cantidad. ¿Qué hago yo? Asumo un riesgo, y el riesgo que no puedo asumir con el dinero que tengo ahorrado lo aseguro contratando un seguro de hogar; es decir, que con los recursos de que dispongo tengo una capacidad para asumir un riesgo determinado, concreto, no un riesgo infinito, y el resto lo aseguro.

Pongamos ahora el ejemplo de una relación. ¿Cuál sería el capital que puedo poner en juego y arriesgar en esa relación de mutua confianza? Yo tengo una cantidad de autoconfianza, pero cuando establezco una relación con otra persona, pongo en juego esa autoconfianza. Dependiendo del riesgo que quiera asumir, pondré en juego una mayor o menor cantidad de autoconfianza en esa relación. ¿Y qué hago con el resto? Pues me quedan dos opciones. Una es basarlo en seguridades; en ese caso, debo asegurarme de que la otra persona me da seguridades que minimizan el riesgo de esa relación.

¿Hacer esto es lógico? Lógico sí lo es, tal y como está planteado. Ahora bien, ¿cuántas cosas necesitaría asegurar? ¿Sería eso una relación de amor? ¿Qué coste personal tendrían esos seguros?

La segunda opción sería el control: busco compensar el miedo con el control de las variables que inciden en una situación, calculando el riesgo de que ocurra A o B. Pero si algo hemos aprendido en esta pandemia es el término «incertidumbre». La gran diferencia entre riesgo e incertidumbre es que el riesgo es medible, cuantificable, de algún modo puedo sopesar mis recursos para afrontar un tanto por ciento de riesgo. Pero si vivimos en la incertidumbre, ¿acaso una persona es medible?, ¿o controlable? ¿Puedo estar al 99,9 por ciento segura de que esto no va a pasar? ¿Y cómo llamo a ese 0,01 por ciento que no controlo?, ¿mala suerte?

Otra posibilidad sería asumir ese riesgo enraizándolo con la confianza que he depositado en la otra persona. Porque, querido lector, lo contrario del miedo no es la seguridad, no es intentar controlarlo todo o la búsqueda incansable de la seguridad. Esto no son más que mecanismos compensatorios, de defensa, que aparecen cuando intento manejar el miedo que tengo ante la incertidumbre, el pánico que me acecha al ser consciente de que no soy capaz de gestionar y utilizar mis recursos personales para afrontar las cotas tan altas de riesgo en el que vivimos. Esto nos provoca «una intoxicación de cortisol»; es decir, nuestro cerebro está sometido a un estrés que lo desestabiliza, y por eso intento asegurar o controlar.

Lo contrario de vivir con miedo es vivir en confianza, en uno mismo y en el otro, basada en el autoconocimiento, donde los dos podemos trabajar por un bien común, en ese encuentro entre intimidades.

Otros digan tal vez que lo contrario al miedo es el amor, pero las raíces del amor están tejidas ineludiblemente de confianza.

Así que entre la confianza y el amor anda el juego.

La confianza va más allá de la seguridad, porque, aunque

no controle, ni domine ni pueda asegurar que la otra persona no vaya a salir corriendo cuando le pida que unamos nuestras vidas, con confianza y asumiendo los riesgos y la incertidumbre del momento, por amor, le puedo pedir que se case conmigo. Si no tuviera confianza en mí, en nuestra relación y en el otro, no podría dar un paso así. Tal es el calado de la confianza, que actúa como motor del cambio, como catalizador de las relaciones interpersonales; la confianza nutre, sostiene y estrecha los lazos que nos unen.

Por eso, con este libro lo que te propongo es que tú, querido lector, aprendas a conocerte, a comprender cuáles son tus valores, principios y resortes para que ganes en autoconocimiento, en autoconfianza, y sepas reconocerte. Y, a partir de ahí, decidas lo que quieres cambiar y aceptes lo que no puedes cambiar. Pero no desde el hastío o la resignación, sino desde la consciencia de que «querer no es poder» si no hay autoconocimiento de por medio, y de que, sabiendo los límites de uno mismo, se abre ante nosotros un abanico inmenso de posibilidades de encuentro con el otro.

Y por esta razón te pido que no te tomes esta obra como un libro de autoayuda sin más, en el que puedas ir pasando las páginas de manera fácil y sencilla haciendo ejercicios. Lo que tienes en las manos es un camino, y como tal, hay que recorrerlo a tu paso, no al que marca esta sociedad. Ve poco a poco, detente a reflexionar; apunta, garabatea, dibuja, date tiempo entre un capítulo y otro para que todo este cambio de foco te empape lentamente, sin angustias, prisas ni violencia, sino con frescura, amabilidad, empatía, respeto y cariño, que es lo que yo te propongo. Así germinará en ti tu semilla del ser y dará fruto en abundancia.

1

DEL CAOS A TI

Nuestra desesperación por querer vivir en orden y comprobar que todo nos parece un caos

En el libro *El arte de recomenzar*, de Fabio Rosini, se deja entrever esta idea que voy a exponer a continuación, pero antes de ponerme a divagar, concretemos.

¿Alguna vez te has planteado por qué buscamos incansablemente el orden? ¿Por qué Marie Kondo o La Ordenatriz hacen estragos en las casas? ¿Por qué tenemos la necesidad de vivir de una manera ordenada? ¿Por qué, cuando quieres acompañar a un niño en su crecimiento, de lo primero que te hablan es de las rutinas, de que anticipes a los niños los planes que vais a hacer? En definitiva, ¿por qué el orden nos da paz?

Pues, efectivamente, ahí es donde radica la teoría del caos. En física, lo que viene a decir esta teoría es que, aunque nosotros no lleguemos a comprender las leyes que rigen el comportamiento del mundo, el mundo sí responde a esas leyes. Que no tengamos la capacidad intelectual de conocerlas, y, por consiguiente, de entenderlas, no significa que no existan.

Es preciso empezar a aceptar que las cosas en nuestra vida seguirán un orden, pero que yo no soy capaz de entenderlo; soy finita, tengo unas limitaciones, y no puedo conocerlo todo. Ahora bien, debo recorrer un camino para que mi caos vaya tomando algo de forma y significado, se vaya ordenando; que vaya llegando al cosmos.

Por lo tanto, esto va de que nos pasamos toda la vida buscando ese cosmos, ese orden, y por eso la vida hay que vivirla. La vida no es un instante, no es solo este instante, no. Los cambios no se dan en instantes. Muchas veces queremos las cosas ahora, ya, sobre todo en lo relacionado con las personas, y por eso decimos: «Pero ¿cuántas veces se lo tengo que explicar?», «Pero ¿no le he dejado bastante claro lo que necesito, lo que quiero?», «Pero ¿no le he ordenado específicamente cómo hacer las cosas?». Ya. Sin embargo, como hemos dicho, la vida está para vivirla, y los cambios se afrontan poco a poco, no todos a la vez.

Vivir es un proceso, y el hombre solo dispone de una vida para llevarlo a cabo. Además, vivimos en el caos, lo cual no significa desorden. La vida, así pues, es para vivirla, no para gastarla. Este es el primer concepto que quiero que fijes en tu mente o donde tú quieras. Si solo sacaras esta conclusión del libro, ya habría valido la pena escribirlo.

Sin embargo, todo esto se dice rápido: la vida está para vivirla y no para gastarla. De acuerdo, pero ¿cómo se vive? Porque, que yo sepa, somos miles de millones de personas sobreviviendo en todo el mundo, y encima lo hacemos deprisa, sin mirarnos a la cara, sin saber del otro, sin conocer a nuestros vecinos; todo son exigencias, perfeccionismo e inmediatez. Y ahí me encuentro yo, que la inmediatez no va conmigo, que las prisas me producen ansiedad y que mi principal fuente de satisfacción es mi relación con el otro. Y resulta que no tengo relación con los otros porque no hay tiempo que perder en conversaciones, todo se puede decir con un emoji, con un wasap y con un audio que además reproduzco acelerado, porque todo tiene que ser un *reels* que no dure más de quince segundos. En esto, ¿dónde encaja el ser humano?

¿Y los perfeccionismos? ¿En serio creemos que ser perfecto es una virtud? Cuánto daño nos hace el perfeccionismo, tanto a quien lo vive en primera persona como a quien lo vive en segunda persona.

El ser humano necesita mucho tiempo para que dos personas se encuentren y decidan un proyecto de vida común, que además puede conllevar una nueva vida, y, como todos sabemos, esta tarda en gestarse nueve meses. Y también sabemos que el ser humano en su nacimiento es absolutamente vulnerable, que hasta la entrada en la adolescencia, como mínimo, va a necesitar de los demás sí o sí, no ya para sobrevivir, sino para ser.

¿Dónde encaja esta criatura en el mundo? Porque en el que vivimos parece que no lo hace, ¿no te parece?

Vayamos adentrándonos poco a poco en el misterio de ser.

Yo empezaría por tomar conciencia de que somos únicos e irrepetibles. Si fuéramos conscientes de que verdaderamente es un milagro que estemos en este mundo por la infinita cantidad de variables que se han tenido que dar para que esto sea así, comprenderíamos lo únicos y maravillosamente valiosos que somos, y cuánto necesita el mundo de que vivamos en él, así como la gran responsabilidad que eso conlleva. Ser conscientes de ello haría que brotara de nosotros el agradecimiento, la capacidad de entregar a los demás todo cuanto solo nosotros tenemos.

De este modo, las rencillas, los egos desmesurados y las ínfulas de grandeza quedarían atrás. Porque seríamos conscientes de nuestros límites, de que no tenemos todo el tiempo del mundo para hacer lo que tenemos que hacer. Aprovecharíamos el tiempo, y entonces, y solo entonces, el mundo cambiaría.

Otra situación que debemos tener en cuenta, y que hemos apuntado como una exigencia de este mundo, es la inmediatez. Para empezar, no podemos confundir inmediatez y presente. Cuando se habla tanto de vivir el aquí y el ahora corremos el riesgo de asimilar presente a inmediato, ¡y nada tienen que ver! El presente es, como su propio nombre indica, un regalo, algo nuevo pensado para ti, que alguien pone a tu servicio cuando te despiertas por la mañana, y que tantas y tantas veces damos por hecho. Y no, no hay un día igual a otro. Parecido, tal vez, pero igual, seguro que no. Así que cada día es un regalo para estrenar y para vivirlo.

La inmediatez es algo muy distinto. Se trata del ¡ya!, del clic. El ser humano es un ser mediato, no inmediato; es decir, nuestras respuestas, nuestra interpretación de lo que nos pasa o de lo que sucede a nuestro alrededor, siempre están mediadas por experiencias previas similares, incluso si son desconocidas. Esto es algo bueno, ya que podemos aprender de lo anterior. Incluso podemos desaprender para aprender formas más adaptativas de interpretar la realidad, que se acoplen más a nuestros valores y que no estén tan mediadas por experiencias previas que no se ajustan a ellos.

Pongamos un ejemplo: imagínate que vas andando y alguien se acerca a ti corriendo, te tira al suelo, te coge lo que llevas en las manos y sale escopetado. ¿Qué emociones te generaría esta situación? Estas emociones estarán mediadas por experiencias previas o por cómo tu cerebro haya rellenado la información implícita en el texto.

Y si ahora te digo que alguien te tira al suelo en mitad de un partido de rugby, ¿qué emociones te genera? Estas vendrán condicionadas por la información extra que he aportado.

Y si la situación se da a falta de un minuto para que acabe la final del mundial de rugby, ¿qué emociones te genera?...

Así podríamos seguir un buen rato y las emociones irían cambiando, porque están mediadas por la cantidad de información previa y/o presente que somos capaces de gestionar en ese momento.

Pensemos ahora en los términos que asociamos a estas dos palabras.

¿Qué conceptos nos sugiere la inmediatez?, ¿y qué emociones?

Sin duda, todas muy activadoras, muy impulsivas, más viscerales, ¿no? Euforia, urgencia, ansiedad, desasosiego, angustia...

¿Y el presente? Capacidad de acción, de encuentro, de relación, realidad, observación...

Como ves, son bastante diferentes entre sí. Por eso decía que muchas veces es importante no solo conocer la palabra, sino saber también el significado general y el que yo particularmente le doy, porque estará mediando en la interpretación que hago de las cosas que pasan en mi vida.

En consecuencia, atendiendo a estos dos conceptos que acabo de contextualizar, ahora estoy aún más capacitado para abrir la mirada y ver más allá de lo inmediato, más allá de esa información que nuestro cerebro discrimina como la más importante de todo lo que nos está pasando. Cierto es que esta facultad requiere entrenamiento, como todo en el cerebro; la buena noticia es que se puede entrenar. Una cosa es lo que yo percibo sin hacer ningún esfuerzo y otra distinta, involucrar a la voluntad para tomarse el tiempo de observar y percibir la situación. Esto me dará muchísima más información y me permitirá actuar en consecuencia y, también, en coherencia con mi yo interior.

Actuar sin esta coherencia nos hace daño. En el trabajo me comporto de una manera y en casa, de otra; con mis amigos me comporto de una manera diferente, o incluso en las redes sociales puedo llegar a proyectar aquello que sé que no soy. Frente al ataque de otra persona, me transformo y no soy quien quiero ser. En multitud de ocasiones no actuamos con coherencia, no hay un pilar que una la razón, el corazón y el espíritu, y eso nos hace daño. Bien es verdad que vivimos en una sociedad bastante incoherente, en la que, por un lado, hablo del respeto a los derechos de la persona y, por otro, celebro un mundial de fútbol organizado por un país donde estos derechos no se respetan, o hablo de la libertad de expresión y, sin embargo, cuando alguien expresa una opinión contraria a la mía, directamente le doy *unfollow* y le privo de la oportunidad de ser escuchado o incluso comprendido.

Vivir en esta incoherencia, ya sea porque no me conozco suficientemente bien, o porque no creo o no considero que tenga recursos suficientes para hacer frente a la realidad de otro, o a ponerme en juego, o incluso porque nunca me he parado a reflexionar sobre ello, no quiere decir que no nos haga daño. Así que, muchas veces, tenemos esa sensación de insatisfacción personal, angustia, desesperación, incomprensión o incluso tristeza, miedo o culpa que pueden aparecer cuando uno actúa de manera incoherente. Todas estas emociones pesan mucho y por eso sentimos que nos hundimos.

De verdad que no es inocua esa dualidad entre quién soy y qué reflejo a los demás. No te estoy juzgando, pues entiendo perfectamente que en la sociedad de hoy no te atrevas a ser por miedo a que no te acepten, a que te ataquen. Lo entiendo y lo acojo. Aun así, me entristece mucho, ¡porque tengo muy claro que el mundo te necesita y que tú tienes derecho a ser quien eres! Por eso escribo este libro, a ver si te pica el gusanillo del ser.

Orígenes y originales

¡¡Vamos a revolucionar el mundo!! ¿Estás listo? ¡Empezamos!

Dado que «revolución» significa volver al origen, te planteo una serie de preguntas:

- ¿Alguna vez a lo largo de tu vida te has cuestionado por qué naciste? ¿Pediste nacer a alguien?
- ¿Hablaste con tus padres para nacer y les dijiste que tenías necesidad de entrar en la historia del mundo?
- ¿Has pensado alguna vez en la probabilidad que hay de que tú hayas nacido?

Pues resulta que el doctor Ali Binazir, de la Universidad de Harvard, sí se ha hecho esta última pregunta, y viene a decir que tu padre podría haber conocido a doscientos millones de mujeres en veinticinco años, y calcula que, de todas ellas, habría conocido realmente a unas diez mil, entre ellas tu madre. Se conocen, se gustan, se comprometen y deciden intentarlo. Pues, de una media de unos cien mil óvulos fértiles durante la vida de una mujer y entre 1 y 4.000.000 de trillones de espermatozoides, se encuentran uno de cada para dar lugar a tu persona... En definitiva, lo que dice Binazir es que la probabilidad de que tú existieras es de uno de cada diez, elevado a 2.685.000.

Yo a esto lo llamo milagro. Así que vamos a hacernos a la idea de que somos un milagro andante, que este es nuestro origen, nuestro inicio. En consecuencia, ¿te cabe alguna duda de lo original que eres? Tal vez sí, de modo que sigue leyendo...

Luego está el tema de quién ha pedido vivir. Yo creo que nadie lo hizo, nadie habló con sus padres antes de nacer; por lo tanto, si la probabilidad de que tú y yo estemos aquí es prácticamente cero, y ninguno de los dos les pedimos a nuestros padres existir, ¿qué te sugiere esto?

Tal vez te sugiere que eres fruto del azar, pero ya te he demostrado que no es así, que para el azar es prácticamente imposible hacer que tú existieras; además, seríamos muy injustos con todas aquellas parejas que están deseando engendrar un hijo y que no pueden. Así que vamos a admitir que no somos fruto del azar y que ninguno de nosotros ha pedido venir al mundo. En consecuencia, debe de haber alguien o algo —energía o como quieras llamarlo— interesado en que tú y yo seamos como somos y estemos ahora mismo aquí.

Déjame explicarte una cosa: tan pronto como estás en el mundo, tú mismo eres absoluto para todas tus realidades; es decir, toda la realidad que te rodea tiene sentido para ti porque tú tienes relación con ella. Si no fuera así, carecería de sentido para ti.

Tú eres incapaz de imaginarte un mundo donde no estés, y lo mismo me pasa a mí, aun sabiendo el inmenso error que supone sobrevalorarse uno mismo. Pero es que todo cobra sentido porque tiene relación con nuestro yo; es decir, mi familia, mi trabajo, mis amigos, mi ciudad, mi país, mi planeta. Yo soy absoluto en mi mundo porque todo lo referencio a mí; se podría decir que soy el polo opuesto del mundo, y no estoy hablando de egocentrismos, estoy hablando de cómo me relaciono yo con el mundo que me rodea. Entonces, si yo soy el polo opuesto del mundo y todo se relaciona conmigo, si es casi improbable que naciera y, aun así, he nacido y estoy vivo... ¿acaso no será importante que yo conozca a mi yo?

Pues sí que parece importante saber quién soy yo y para qué estoy aquí. Es de lo que hablaba Viktor Frankl en su libro *El hombre en busca de sentido*.

Claro que, ¿cómo descubro yo esto?

Una posibilidad sería mirándose uno al espejo, pero si te soy sincera... muchas veces me pongo delante del espejo y no me devuelve mi imagen. No me reconozco en la mujer reflejada en él. ¿No te ha pasado nunca? La cosa está fastidiada, porque estoy vivo gracias a un plan que desconozco y, además, muchas veces no me reconozco en el espejo. Así que vuelvo a preguntar: ¿cómo puedo conocerme a mí mismo?

Para empezar nuestro apasionante mundo del encuentro con uno mismo y con el otro, consideremos a la persona, a mí misma, de forma holística, integral, en todas sus dimensiones. Esto es lo que propone el *counselling*, y es lo que yo te propongo que hagas, pero no solo contigo mismo, sino con toda persona con la que te encuentres (más adelante te contaré por qué).

Seis son las dimensiones o esferas de la persona:

- **Dimensión corporal.** Es esencial a la propia persona, cuenta mucho de ella. Aquí entra en juego el lenguaje no verbal, que, según los estudios, supone más del 80 por ciento del mensaje en comunicación. Los límites físicos, expresar la interioridad y a través del cuerpo es como nos relacionamos físicamente con otros. Te propongo un ejercicio que he hecho yo muchas veces, y consiste en ver un extracto de película sin sonido intentando leer el lenguaje no verbal para adivinar lo que está pasando. Como anécdota te diré que mi marido llegó a decirme que no veía más películas conmigo porque en los cinco primeros minutos ya sabía cómo iba a terminar. Llegué a la conclusión de que era así porque los actores habían leído todo el guion y sabían qué iba a pasar, y a través de microgestos te van contando una historia, la de la película, que se les escapa. ¡Es apasionante!

Es verdad que si nos fijáramos solo en esta dimensión nos quedaríamos muy cortos, ya que la biología no puede explicar muchos dolores que padece el ser humano. ¿Cómo puede explicar la biología que una mirada de hastío haga más daño que un bofetón? ¿O que la soledad sea capaz de lacerar o invalidar a alguien tanto como si padeciera un cáncer? Como la biología no lo puede explicar todo, por eso pasamos a la siguiente dimensión.

- **Dimensión intelectual.** Es nuestra capacidad para comprendernos a nosotros mismos y al mundo en el que vivimos, razonando, reflexionando, adquiriendo conocimientos; en definitiva, el mundo de los significados: qué representa para mí que esta persona no me mire, o que haya una guerra en Europa... Porque cada uno damos significados diferentes a las cosas que nos pasan en el día a día. Esta dimensión me ayuda a integrar toda la información recibida y sintonizarla con mi persona.
- **Dimensión emocional.** Con ella identificamos los propios sentimientos, pero también los sentimientos del otro, su aceptación o rechazo, la intensidad, el control

emocional o, por el contrario, la regulación emocional. Ya veremos en el capítulo de las emociones qué diferencia hay entre ambas. Las emociones siguen el siguiente circuito: algo ocurre, que a mí me conmueve y provoca en mí una emoción que me genera un pensamiento que me predispone a una acción. Por lo tanto, saber sobre las emociones me dará información sobre a qué acción me está predisponiendo ese pensamiento.

- **Dimensión social o relacional.** Como ya hemos dicho, todo lo que hay a mi alrededor cobra sentido por la relación que establezco con esa persona, esa realidad, ese objeto. Es decir, el ser humano ha nacido para vivir y, sobre todo, ser en sociedad. Para que Marta llegue a ser todo lo que estoy llamada a ser, necesito relacionarme con un Otro o con otras personas para poner en juego todos mis recursos, capacidades, límites, emociones y pensamientos. Así pues, los distintos roles que ocupe y como esté integrada en la sociedad constituyen un punto importante para conocerme.
- **Dimensión espiritual.** No debemos confundirla con profesar un credo, esto es, practicar una religión determinada, porque la dimensión espiritual es mucho más. El otro día veía con mis hijos un vídeo sobre el origen de la vida, que venía a decir que la vida era materia y energía que no se destruyen, sino que se transforman; por lo tanto, que la energía y la materia que teníamos actualmente ya había pertenecido a nuestros ancestros. Así que yo les pregunté a mis hijos: «¿Podemos afirmar que el ser humano es entonces solo materia y energía?». Uno respondió que sí, coincidiendo con lo que se explicaba en el vídeo; otro de ellos dijo que no, que la persona era mucho más que materia y energía, porque

si metemos todos los componentes materiales que existen en el hombre en la cantidad apropiada y los mezclo con la energía que tiene, jamás me daría una persona humana. Todos somos algo más que la suma de nuestros componentes, ¿no? Por supuesto. La dimensión espiritual es la que nos ayuda a trascender, la que me guía para encontrar un sentido a mi vida, la que actúa como eje que vertebra mi yo, que nos ayuda a integrar lo vivido, a comprehender al otro...

- **Dimensión valórica.** Esta dimensión nos ayuda a actuar según nuestros valores, como por ejemplo el valor de la dignidad humana, del bien común, el respeto mutuo, la libertad individual, la responsabilidad; ordena nuestras acciones en respuesta a esa jerarquía de valores; nos centra, nos vertebra, nos equilibra, nos ancla a nuestro ser persona. Actúa de compensación a nuestro temperamento: el colérico tiene necesidad de reflexión y tolerancia, de humildad; el melancólico tiene necesidad de audacia, libertad y autoconfianza; el sanguíneo tiene necesidad de perseverancia, fortaleza y tesón; el flemático tiene necesidad de asertividad, de ser honesto consigo mismo, de conocer su singularidad y valorarla.

Antes de proseguir, todos sabemos que, en el caso de un ser humano, la suma de sus dimensiones no agota el ser de la persona, porque una persona siempre será mucho más que la suma de todas sus dimensiones, pensamientos, sentimientos y actuaciones, ¿o no?

Con un pequeño ejemplo creo que quedará más claro lo que intento explicar. Los animales están compuestos de materia y energía, pero solo exclusivamente de ellas, por eso aprenden por medio de experiencias, no son capaces de trascender a la experiencia. Me explico: hubo un experimento en el que a un mono le pusieron un montón de comida y, delante, fuego; le dieron un cubo y le indicaron dónde estaba el agua, y le enseñaron que, si cogía esa agua y la echaba sobre el fuego, este se apagaría y podría alcanzar la comida. Después de varias repeticiones, el entrenador quiso comprobar si el mono había entendido que el agua apagaba el fuego, así que le dio un cubo lleno y se lo puso al lado. Cuál fue su sorpresa cuando el mono fue a buscar su cubo vacío, lo llenó de agua de donde lo había llenado siempre, y con ese agua apagó el fuego. Es decir, los animales aprenden por experiencia, son incapaces de comprehender las propiedades del agua; los hombres, en cambio, somos capaces no solo de aprender de la experiencia, sino más allá de la experiencia, y también somos capaces de preguntarnos: «¿Es el agua lo que apaga el fuego, es la diferencia de temperatura, o es el tiempo lo que influye?».

Incluso para abordar el tema que tenemos entre manos de orígenes y originales, el hombre llega a preguntarse: «¿Cuál es el sentido, la finalidad o el valor de lo que hago?». Ya he mencionado el libro *El hombre en busca de sentido*, ¿verdad? Pues te lo recomiendo encarecidamente, porque sobre esto hablaremos en el capítulo 3.

Y esto nos pasa a los seres humanos porque somos las únicas criaturas sobre la faz de la Tierra que estamos compuestos por materia, energía... y un plus: llámalo alma, llámalo conciencia, como quieras. No hay ningún otro ser en nuestro planeta ni en el universo donde se da esta circunstancia. Eso nos llama a trascender a nosotros mismos, nos permite memorizar, entender y decidir libremente.

Por lo tanto, ¿qué pasaría si solo me fijase en una de las dimensiones de la persona para conocerla? Pues que no lo lograría, solo conocería su parte emocional o su parte física o la intelectual, pero no conocería a la persona en su totalidad. Este es un error que cometemos con mucha frecuencia, que nos quedamos en la fachada, en lo primero que vemos o en lo que la otra persona nos quiere enseñar, y no profundizamos en el interior. Así que si no estamos acostumbrados a profundizar en el interior del otro, ¿cómo vamos a hacerlo en el nuestro?

Resumiendo: si la probabilidad de que tú existieses era de prácticamente cero y, en cambio, resulta que estás aquí, leyendo este libro; si algo o alguien ha pensado en que estuvieras aquí, compuesto de muchas esferas como ser humano, te habrá pensado con una finalidad, ¿no?, y entiendo que tú serás mucho más feliz cuanto más conozcas sobre ese plan y lo puedas llevar a cabo, ¿me equivoco? Por eso a mí me rechina tantísimo la frase de «hazte a ti mismo». Hazte a ti mismo, ¿de qué? Somos las criaturas más vulnerables e indefensas en su nacimiento de todo el planeta Tierra, por lo tanto, me parece un poco osado creer que debemos hacernos a nosotros mismos. ¿Tú qué piensas de todo esto? ¿Por qué, si nacemos tan indefensos, nos creemos hacedores de nosotros mismos? Nadie se ha hecho a sí mismo. Las preguntas que me encuentro cada día en mi consulta de *counselling* son: «¿Quién soy yo?», «¿Yo soy quien soy, o estoy usando caretas, disfraces?», «¿Por qué me cuesta tanto saber quién soy?».

¿Qué piensas hacer con esa frase a partir de ahora? Creo que no hace nada más que meter cortisol en tu sistema límbico y, créeme, eso no es bueno.

Profundicemos más en esta eterna cuestión de quiénes somos.

A una persona se la puede conocer por sus palabras o por sus actos, pero ¿y si no habla o no actúa?, ¿significa esto que no hay persona? Quien haya pasado horas al lado de un enfermo con un MMSE (*Mini-Mental State Examination*) de 0 sabrá de lo que hablo. ¡Pues claro que hay persona! Lo que pasa es que estamos reduciendo el encuentro a la experiencia. Por favor, ¡no cojamos la parte por el todo! El encuentro personal es mucho más que lo que hablo o lo que hago, y todos hemos tenido esa experiencia: una quedada de amigas y no se habla de nada o se habla de todo, poco importa si se come o no, si al final te quedan mil cosas por decir o si te has desahogado, y si te dijeran: «¿Nos vemos mañana a la una de la madrugada?», ¿qué dirías?

Yo diría un «sí» rotundo.

¿Y por qué lo dirías? ¿Porque te han quedado muchas cosas por decir, por indagar en una de las conversaciones, por conocer? ¿O porque su sola presencia, el saber que hay un Otro que te conoce y te reconoce, te reconforta de tal manera que ya hace que merezca la pena con creces volverse a encontrar?

Pues eso: no reduzcamos el encuentro con el otro a una mera experiencia, porque sería agotar la inmensidad del encuentro. De una experiencia podemos llegarnos a cansar. ¿O nunca has pensado lo rápido que te cansarías si comieras todo el día de cinco estrellas? ¿Cuántas veces tendrías que quedar con tus amigos para llegar a cansarte de ellos?

Mi respuesta es clara: nunca me cansaría de mis amigas, y cada día las anhelo más.

Estamos hablando, en definitiva:

- De la unicidad de cada uno de nosotros.
- De que todo lo referimos consciente e inconscientemente a nosotros.
- De que algo hemos venido a hacer aquí pero que todavía no lo hemos descubierto.

- De la profundidad del encuentro.
- De quién soy yo.
- De mis límites.
- De la bondad de encontrarse con otro.

A continuación, me gustaría hablarte de mi propia experiencia del acompañamiento compasivo que Ricardo, Aquilina y José me permiten hacer. Porque Ricardo no habla apenas, está siempre enfadado, no se mueve de manera autónoma y depende de otro absolutamente para todo; Aquilina siempre está dormida (aparentemente), y José siempre buscando algo, pero sin ganas de comprometerse. Los tres dependen de alguien para todas las actividades de su vida diaria, y da la sensación de que su conexión con el mundo exterior ya no existe...

Pasarse treinta minutos con ellos es tocar el cielo con las manos, es poner música binaural, ponerte a su lado, muy muy cerca, mirarlos con compasión y ver la persona que son, cogerles de la mano y, lentamente, acariciársela con delicadeza, con firmeza, sin miedo, buscando el encuentro, buscando la conexión.

Que tras treinta minutos así, José agarre fuertemente mi mano y no me quiera dejar partir, que Aquilina abra los ojos y me dé las gracias y que Ricardo me mire con ojos de soñador y me pida un beso... esto, querido lector, es tocar el cielo con las manos. Allí donde humanamente no puedes hacer nada, no puedes sacarlos voluntariamente del encierro en el que están sus cuerpos y sus mentes, sin embargo, en treinta minutos, ellos y yo recorremos nuestra historia y conectamos el corazón, y entonces la soledad se hace un poco más pequeña.

Para que una relación con otro me ayude a conocerme y le ayude a conocerse, que sea nutritiva, no todo vale, y con buenas intenciones no basta. Ahora daremos un salto un poquito más profundo y abordaremos lo que Carl Rogers denominó las tres actitudes o capacidades básicas que se necesitan para establecer una relación de ayuda:

- La consideración positiva.
- La autenticidad.
- La empatía.

¿Que sería la consideración positiva? Según la entiendo yo, consiste en valorar de tal manera la dignidad de la persona humana que seamos capaces de ver sus propios recursos: la capacidad que tiene de ser el protagonista de su vida, verle con todas sus potencialidades y, por supuesto, jamás tirar la toalla. He de considerar que todo lo que hace la persona es en pro de la adaptación a lo que le rodea, que todas sus acciones las realiza para adaptarse a las circunstancias de una u otra manera, y ser consciente de que es mucho más perjudicial para él que yo decida qué tiene que hacer en su vida, cómo y cuándo que, por el contrario, lo decida él mismo, por muy errónea que me parezca su elección. En todo caso, como estamos hablando de una relación de ayuda, a través de herramientas le acompañaré a dilucidar, deliberar y actuar conforme a sus valores y principios, los cuales, basándonos en esa consideración positiva, irán en consonancia con su dignidad de persona.

¿Qué sería la autenticidad? La autenticidad o congruencia es la capacidad que tenemos para mostrarnos ante el otro tal y como somos. De exponer nuestro mundo interior, nuestras emociones. Está demostrado que cuanto mayor sea la congruencia, más auténticas serán mis respuestas y mayor será el beneficio propio y ajeno. Para ello es preciso que me conozca a mí mismo, conocer cuáles son mis emociones y permitirme sentirlas, saber que hay cosas que me agradan y otras que me desagradan, conocerme en lo profundo, no en lo superficial. Sería hablar en verdad, «sin-cera», sin fachada, sin una capa de barniz.

¿Y la empatía? Es la capacidad que tengo de vivir en el otro. ¿Qué ibas a decirme?, que era ponerse en los zapatos del otro, ¿no? Pues no, no es eso. Es vivir en el otro, con su visión, con su mirada, con sus creencias, con sus vivencias, con sus significados. Ser capaz de comprender el mundo interior del otro, y esto se hace a través de la escucha. No hay otra manera. Un error muy común que podemos llegar a cometer es confundir la empatía con la simpatía, pues son bien distintas. La empatía es el binomio entre la parte emocional y la cognitiva de una persona, que, por un tiempo limitado, decide vivir una situación del mismo modo a como la vive otra persona para sentir, pensar y experimentar lo mismo que esta, para establecer un vínculo de ayuda mutua. La simpatía, sin embargo, es un exceso de esa parte emocional, es sentir con el otro: si está alegre, yo también me alegro, y si está triste, yo también me entristezco, aunque no le conozca y no le haya escuchado. Sentimos simpatía cuando vemos una catástrofe natural que ha afectado a personas al otro lado del planeta, los vemos sufrir y sufrimos con ellos. La empatía, en cambio, es mucho más, es un ejercicio donde involucro mi libertad y mi voluntad para hacer un esfuerzo consciente de vivir en el otro una situación concreta y por un tiempo limitado, para no llegar a la fatiga por compasión. Hablaremos más de ella en el capítulo 4 (véase el apartado «Comunicamos hasta cuando callamos, o mucho más cuando callamos»).

Para terminar, todos hemos oído la frase de «ama al prójimo como a ti mismo». Claro, porque realmente si el mundo tiene sentido porque yo estoy en él, no me puedo imaginar un mundo sin mí; por lo tanto, cobra bastante sentido que ame al otro como a mí mismo. Cuando hay un problema entre dos personas, muchas veces lo miro desde mi perspectiva. ¿Y si pruebo a cambiar el foco y veo el problema desde su perspectiva? Va a ser incómodo, lo sé. No me preocupo, permanezco por amor, cariño y respeto a esa persona, permanezco en ella y la trato como a mí misma. Creo que este es un cambio de paradigma radical que modificaría nuestras relaciones, las humanizaríamos, en vez de mundanizarlas.

¿Cuál es la diferencia?

Para mí, mundanizar las relaciones entre personas sería algo como esto:

- Quedarse en la fachada.
- El hombre se reduce a ser materia y energía.
- Los criterios del mundo los hago míos.
- El consumismo por bandera.
- Todo es cuestión de proponérselo y analizarlo bien.
- Dar lo que tengo antes de dar lo que soy.
- Cierto sentimiento de vacío existencial.

Yo abogo por humanizar a la sociedad, un encuentro con el otro, buscar más allá de esa sonrisa sin alma, de esa fachada. Si veo a alguien sufriendo, que no me duelan prendas en decirle: «Te veo sufrir. Si quieres contar conmigo, estoy dispuesta a escucharte».

Como hemos visto, definitivamente el hombre es mucho más que materia y energía, ya que ninguna de las dos puede explicar juntas o por separado el tsunami de soledad que asola esta sociedad y que no se llena a través del consumismo y otros ismos. Que, por supuesto, no todo es cuestión de proponérselo y analizarlo bien, que no podemos con todo, que nos necesitamos los unos a los otros, y que es mucho más difícil dar lo que soy que dar lo que tengo. Eso sí, anhelamos que nos amen por lo que somos, no por lo que tenemos, y esto sería en definitiva humanizar las relaciones humanas.

Así que el caso va de «ser o no ser, he aquí la cuestión. ¿Qué es más noble para el espíritu, sufrir los dardos y los golpes de la insultante fortuna o tomar las armas contra un piélago de calamidades y, haciéndoles frente, acabar con ellas?».

Advertencias

Como te habrás dado cuenta, este no es un libro de autoayuda ni de consejos, no es un libro de haz A + B + C y obtendrás D, no. Si hay algo que repito muchísimo en Instagram es que yo no doy consejos, por eso me cuesta tanto hablar desde la generalidad, porque la persona humana es tan rica en matices, tan única, que me parece cuando menos prepotente querer escribir un libro que a todo el mundo le sirva. Así que desde aquí mis disculpas si este no es tu libro. Aunque no sea de autoayuda, espero que a través de mis palabras consiga hacerte sentir que mi voluntad es acompañarte en todo este camino.

Lo que quiero hacer con este libro es dar respuesta a una demanda que me encuentro constantemente, ya sea en mi consulta o en las personas con las que me topo a diario. Personas en busca de una respuesta, que no se han adaptado plenamente al ritmo de este mundo frenético que exige la inmediatez como moneda de cambio. Personas como yo, porque yo no soy inmediata, soy mediata, y esta diferencia es bastante importante. Si buscamos la palabra «inmediato», vemos que viene del latín *immediatus* y que significa «continuo o cercano a algo o a alguien», que sucede enseguida sin tardanza. «Darle a alguien por las inmediatas» significa estrecharlo o apretarlo con acciones o palabras que lo convencen y dejan sin respuesta.

A mí, qué quieres que te diga, todo esto me habla de presión, de angustia, de incapacitar al otro para que dé su opinión, de acogotar, incluso de blindar a la otra persona, dejarle con una nula capacidad de reacción. Y también me habla de que no somos un continuo, no vamos a continuación del otro, sino que cada uno de nosotros tenemos nuestra individualidad.

Yo creo que todo el mundo desea tener derecho a poder reaccionar, discernir, deliberar y actuar, porque somos personas y no podemos ir al ritmo que marca esta sociedad.

¡Cuánto dolor y sufrimiento trae consigo no encontrarse adaptado a la sociedad en la que vivimos, saber que no puedo, no quiero y no debo seguir ese ritmo frenético!

Dicen que estamos en la *sociedad líquida* de la que habla Zygmunt Bauman, donde hay que fluir y ser originales siempre, aunque esa originalidad se parezca sustancialmente a lo que está de moda. Hemos perdido nuestra capacidad crítica, nuestra capacidad de reacción, de asumir la ingente cantidad de información y desinformación que recibimos diariamente, de centrarnos en lo más importante, que es la persona humana. De hecho, José Carlos Bermejo habla de una cultura *gaseosa* que sube rápido, con un mensaje novedoso que, por falta de consistencia y profundidad, baja con la misma rapidez.

La sigla FOMO, ¿te suena? Corresponde a *Fear Of Missing Out*: tener miedo a perderse algo de lo que está pasando...

En las redes sociales vemos tantísimos planes y situaciones, que a veces nuestra mente y nuestra imaginación nos pueden jugar malas pasadas. Puede que lleguemos a pensar que la vida de los demás es maravillosa y perfecta, y en cambio la nuestra es un auténtico desastre. Sobrevienen el estrés, la ansiedad o la depresión por dejar volar nuestra imaginación y creer que lo que vemos en las redes es toda la realidad de esa persona, y no solo una parcela muy seleccionada de su realidad. Además, está la cuestión de querer abarcarlo todo: estar en la vida de los demás, enterado de todo, y al mismo tiempo ser capaz de vivir nuestra propia vida, lo cual es radicalmente imposible para una persona. Este carácter superficial, onírico y fugaz de la realidad que nos rodea puede hacernos caer en la autocomplacencia, en el autocuidado por encima de todo y en la autoprotección ante un mundo que nos hace daño. Esto nos dificulta y limita a la hora del encuentro con el otro, donde puedo llegar a descubrir mi yo, mi vulnerabilidad y mi esencia. Mi autoestima se pone en tela de juicio, y no acostumbramos a salir bien parados. Me cuestiono y me critico, me fuerzo a estar en todo y para todos, ¿seguro? En todo menos en mí.

Y ahora, ¿conoces la sigla JOMO? Corresponde a *Joy Of Missing Out*, y es el placer, la alegría que se experimenta, la felicidad que se siente al perderse las cosas. Es una sustitución de la perfección por la realidad, una oda a la asertividad y a la comunicación emocional, sin que haya consecuencias dañinas ni en mí ni en el otro; ser capaz de decir «no» o «sí», de hablar de mis emociones, porque sé quién soy y cuáles son los valores que me mueven. Creo que merece la pena añadirla a nuestro vocabulario.

Al parecer ya se carece de ese valor intrínseco de la persona, y mi objetivo en esta obra es presentarte, con toda la humildad, el cariño y el respeto, los conocimientos que he ido adquiriendo en este tiempo y que me han ayudado a encontrarme, a saber ser y estar y a encontrar el sentido de mi vida, por si tú, querido lector, tuvieras las mismas inquietudes que yo. Si es así, tal vez estas páginas te puedan servir para hacerte preguntas, reflexionar, llegar a tus propias conclusiones, contrastarlas, y te devuelva ese espíritu crítico, reflexivo y decisivo que todos tenemos dentro y que merece la pena rescatar en un momento como este, donde hasta una pandemia es capaz de dejar paso a una guerra... ¡y vete tú a saber qué más cosas en el futuro!

Mi pretensión, en definitiva, es ofrecerte la posibilidad de cambiar el foco, de redirigirlo a lo que realmente importa, que eres tú y que es el otro, que es lo único que no es sustituible, por nada ni por nadie.

El otro día mi hija me preguntaba:

—Mamá, ¿tú por qué te casaste con papá?

—¡Anda! ¿Y por qué lo dudas? —repuse.

—Hombre, porque yo te veo a ti y te veo guapa, te veo lista, te veo inteligente, te veo muy cariñosa, muy capaz —respondió—, y luego miro a papá y no es tan guapo, sí es listo, es muy inteligente, a veces se enfada, pero es cariñoso.

Esto me hizo reflexionar, así que aproveché para hacer que ella también lo hiciera.

—Gracias por los halagos que me has hecho —le dije—. Si bien la belleza exterior es necesaria, para mí no es el punto importante. Tu padre es la persona más bella que he conocido en mi vida, porque tal vez su atractivo físico, que para mí sí que tiene, no sea lo más llamativo para esta sociedad, pero es la persona que me ha devuelto la creencia en la consideración positiva de todo ser humano, me ha demostrado que sí soy capaz de quitarme caretas, de derribar los muros que muchas veces las personas nos levantamos para protegernos de este mundo y llegar a su corazón. Él ha sabido acogerme —proseguí—, ha sabido darme la mano y que juntos hemos recomenzado un camino que pensé que nunca llegaría. Me ha enseñado que el cambio no solamente es posible, sino que es necesario, porque a lo largo de nuestra vida nos vamos poniendo tantísimas fachadas que lo que presentamos es una caricatura de lo que somos. ¡Que encontrarse con alguien que es capaz de verte, de reconocerte mejor casi que tú misma, alivia el corazón y el alma y te da la oportunidad de ser!

Y esto es lo que quiero que tú hagas, querido lector, que a través de estas páginas aprendas a ser quien eres, porque el mundo y yo te necesitamos.

Pongo a tu disposición en este libro algo que a mí siempre se me ha dado bien: las personas. Siempre he tenido facilidad para conectar con ellas, para generar ese encuentro. Creo que esto es un don, es un regalo que he recibido, aunque no es mérito mío, si bien me he dedicado a estudiar y a profundizar en este ámbito. Creo que el mundo sería mucho mejor si supiéramos entendernos, si nos conociéramos a nosotros mismos, nuestras limitaciones, nuestros recursos, nuestras potencialidades, nuestros dones, y fuéramos capaces de reconocer al otro, pero no como un enemigo, no como alguien que me agrede, que limita mi libertad, que pone en riesgo mi yo, sino como lo que realmente es, una persona que también anhela el encuentro.

Tal vez no sepa cómo llegar a ese encuentro para conocerse y darse a conocer, y que si tuviéramos la capacidad de conectar, catalizando las relaciones humanas, otro gallo cantaría. Si nos diéramos cuenta de que el valor de la persona humana es incalculable, estoy segura de que llegaríamos antes a acuerdos para solucionar nuestros problemas, tanto en el día a día como en la macroeconomía, en la gestión de los países y de las fronteras. Así que con esa ilusión escribo este libro, para hacer del mundo, del tuyo y del mío, un mundo mejor, más enfocado y humanizado.

Creo que en este mundo nuestro la soledad es fiel compañera de muchos, y por eso creo también que merece la pena profundizar en la diferencia entre estar solo y la soledad. Estar solo te capacita para abrirte a la realidad de una manera mucho más libre y amplia. La soledad no. Hay una crisis de la vivencia real. Se ha confundido vivencia real con experiencia placentera o con simulaciones muy realistas de la realidad, pero sin ser reales. No es lo mismo conectar con alguien por Tinder que invitar a cenar a la persona que te gusta. No es lo mismo la realidad virtual que la vivencia real. La vivencia real exige renuncia de otras experiencias para introducirse de lleno en una realidad.

Si me acostumbro a vivir de sensaciones, de experiencias... a veces el encuentro conmigo mismo o con el otro carece de potencia suficiente para causar en mí algún impacto, y me pasa desapercibido. Ya no digamos si no me habla, no me responde... Si me instalo en ese bienestar emocional edulcorado, voy adormeciendo mis potencias, mis capacidades de interiorizar, de crecer hacia dentro.

Verás, cuando uno decide encerrarse en sí mismo por miedo al sufrimiento, lo que hace es agotarse en sí mismo. Dado que estamos hechos para el otro, significa que seguimos sufriendo, pero sin sentido, pues no hay un sentido que darle a ese sufrimiento. Por lo tanto, es el más atroz que existe porque, efectivamente, en la vida se sufre porque se ama. En el amor, en el encuentro con el otro, de vulnerabilidad a vulnerabilidad, uno es capaz de darle un sentido a ese sufrimiento;

por lo tanto ya no es un sufrimiento absurdo, sino que es un sufrimiento vivido.

El sufrimiento es personal, único. Cada uno lo vive de manera particular; negativa en un principio, al percibir un estímulo aversivo amenazante, ya sea real o imaginario.

En este mundo donde el sufrimiento está muy mal visto, donde se intenta anestesiarlo con parches y pegatinas, lo que hago es acrecentar ese sufrimiento sin sentido. Y entonces siento que este se vuelve encarnizado y, estoy totalmente de acuerdo contigo, no merece la pena vivirlo. Ahora bien, si yo, por amor, soy capaz de darle o de encontrarle el sentido a ese sufrimiento, sufro, sí, pero no gratuitamente, y no sufro de más, no añado sufrimiento a mi sufrimiento, sino que lo sufro en compañía de otros, lo sufro con otros, lo sufro con un sentido de entrega y no de finitud.

> El sufrimiento siempre será en sí mismo una de las realidades más absurdas que confrontan al ser humano con sus límites y con la frustración.
>
> EDITH STEIN

¿Cómo sería darle sentido al sufrimiento? En el duelo, en la pérdida de alguien, muchas veces ese sufrimiento es el precio que hay que pagar por el amor que se le tenía a la persona que ha muerto, de la que carecemos de su presencia física, y eso nos duele. ¿A que ahora sí cobra sentido el sufrimiento? Ramón Bayés, tras una investigación sobre el sufrimiento y la muerte, concluía que el sufrimiento ante la muerte depende de dos factores: si vivimos la muerte como una amenaza y cómo de impotentes nos sentimos ante esa amenaza. Siempre que vivamos la muerte como una amenaza de sufrimiento inevitable, nuestro sufrimiento será mayor.

También el sufrimiento puede ser el precio que hay que pagar por una curación.

> El sufrimiento, cuando encuentra un sentido, deja de ser sufrimiento y pasa a ser sacrificio.
>
> VIKTOR FRANKL

Si el sufrimiento no tuviera sentido, esta vida no merecería la pena ser vivida. Ni siquiera activaríamos el modo supervivencia en el que estamos inmersos, porque no valdría la pena el sufrimiento ni físico ni moral ni espiritual. No merecería la pena sufrir por escribir un libro, o por ir a trabajar, o por construir un edificio, o por acompañar a alguien en su muerte, o por cuidarle en su enfermedad, o por aprender una carrera para poder trabajar en pro de esta sociedad.

Si el sufrimiento no tuviera sentido no sentiríamos admiración, incluso veneración por alguien que sobrelleva su sufrimiento con dignidad, sabiendo ser él mismo en esa adversidad tan grande, o por quien es capaz de crecerse ante el sufrimiento de un entrenamiento físico para prepararse para las paraolimpiadas o para encarar un cáncer.

Está demostrado que el ser humano es capaz de crecerse en las adversidades, de ahí que se hable de «crecimiento personal» en contextos de dificultad, sufrimiento o frustración. Por eso es tan preocupante que los niños de hoy en día no sepan frustrarse, porque su personalidad se forja hueca, sin sentido, sin unos mástiles firmes que les permitan izar las velas para navegar por el mar angosto de la vida.

Todos nos hemos conmovido y autocuestionado cómo vivimos nuestra vida, y el valor del agradecimiento, cuando hemos estado frente a una persona que sufre, que sufre incluso más de lo humanamente razonable, si es que esto se puede decir. Y cómo su sufrimiento (como decía Eric Cassell, «los cuerpos duelen, las personas sufren», y yo añadiría, «y el alma se con-mueve»), abriendo nuestro corazón, recolocando nuestra vida, nos ha devuelto valores y prioridades que estaban desordenados.

En casa, les explico un cuento a mis niños sobre el sufrimiento. Es invención mía, y me gusta muchísimo porque, entre otras cosas, ilustra un poco todo lo que acabamos de ver:

> Érase una vez una bellísima Rosa roja, la cual se sentía muy bendecida por ser y saber que era la Rosa más bella de todo el jardín. Un día comprendió que la gente la miraba solo de lejos, no se acercaban a ella. Se dio cuenta de que casi siempre tenía una abeja que succionaba su dulce néctar y era la culpable de ahuyentar a sus admiradores. Esto la hizo enfurecer, y decidió encontrar la manera de quitarse a la dichosa abeja de encima.
>
> Así que habló con el colibrí y le pidió que, ya que la abeja se estaba aprovechando de ella, que por favor la espantara o se la comiera.
>
> El colibrí, compasivo con la pobre Rosa, decidió actuar, y a la primera ocasión que tuvo se comió a la pequeña abeja y desde entonces se dedicó a espantar a toda abeja que osaba acercarse a la Rosa más bella del jardín.
>
> Ocurrió que por un tiempo las abejas dejaron de acercar-

se a la hermosa Rosa, por muy tentador que fuera su néctar, por lo que, con el tiempo, el colibrí ya no tenía nada que hacer y se despidió de la bella Rosa agradecida.

Al cabo del tiempo, el colibrí regresó y se encontró a la bella Rosa sola, sin ninguna rosa alrededor, ¡ni en todo el jardín! Ahora las personas no se acercaban a ella, no por las fastidiosas abejas, sino porque ¡ya nadie la veía!

Antes llamaba la atención poderosamente frente al resto de las rosas del jardín; ahora los arbustos y matorrales habían ocupado el lugar que un día ocupaban las rosas.

El colibrí muy sorprendido le preguntó:

—¿Qué ha pasado?

A lo que la bella Rosa repuso:

—Descubrí que la pequeña abeja no solo se alimentaba de mi néctar, sino que me ayudaba a polinizar el resto del jardín, y ahora que no está ya nadie realiza su labor, y solita me he quedado.

A mí este cuento me recuerda la relación simbiótica que hay entre el sufrimiento y la vida, como veremos en el capítulo 3. El sufrimiento es connatural a la vida, no se puede dar lo uno sin lo otro, y ambos conviven en una relación fructífera, que es diferente a placentera. ¿Cuántas veces decido rechazar el sufrimiento de mi vida porque no le encuentro ese sentido, como la Rosa a la abeja? Para no quedarme aislada y sola como la Rosa, tal vez encontrar el sentido a ese sufrimiento cambiaría mi vida, como pasa en el cuento. Te invito a que lo reflexiones.

Ese es el verdadero valor del sufrimiento: nos da la oportunidad de volver a pensar, de cuestionarnos, de aprender, de descubrir, de recolocar y priorizar, nos da la oportunidad de frenar nuestro «modo supervivencia» y, si queremos, pasar al «modo vivir», pero vivir desde el agradecimiento, que tan importante es para los seres humanos.

Voy a hacerte una pregunta que espero que marque un cambio en tu mirada: ¿qué te mueve a actuar?

Si es la razón, estás condenado a sufrir, porque la vida en infinidad de ocasiones no es razonable. Y si es el corazón... estás condenado a sufrir, porque la vida en infinidad de situaciones supera nuestra capacidad de gestión emocional.

Y aquí es donde entra en juego el agradecimiento, porque muchas veces nace del corazón y muchas veces la razón auxilia al corazón. El agradecimiento hace que tu vida cobre un sentido renovado en cada momento, así que no lo minusvalores.

Cuentan la historia de un famoso artista que llegó a la época de la jubilación apesadumbrado y meditabundo. Decidió escribir sus memorias, y esto fue lo que anotó:

> El año pasado, justo cuando llegaba el final de mi carrera profesional, una carrera en la que he luchado mucho, he trabajado mucho, lo he dado todo, y al final he tenido que dejarlo, nos sobrevino una pandemia mundial, tuvimos que quedarnos encerrados y no ver a nuestros seres queridos. Además de eso, tuvieron que operarme de una hernia discal que me dolía horrores. Asimismo, mi madre falleció de manera repentina, sin poder despedirme de ella, y mi hijo sufrió un accidente en el que casi no lo cuenta.

Su mujer entró en la habitación, leyó estas líneas, salió de la misma y empezó a escribir:

> El año pasado mi querido marido finalizó una carrera exitosa, donde ha llenado el mundo y los corazones de belleza y sensibilidad. Una sensibilidad que le ha permitido, aho-

ra que está en casa, cuidarme como nunca, y que sienta más amor por él, si cabe. Además, durante este año nos ha sobrevenido una pandemia mundial, y lejos de quedarse en casa taciturno, ha desarrollado una plataforma online para enseñar a niños a dibujar, y hemos aprendido a convivir con su capacidad creativa. Nos ha permitido pasar mucho tiempo en familia, ¡le echábamos de menos! La pandemia no impidió que le operaran de su hernia discal, y que los dolores, por fin, terminaran. Echamos mucho de menos a mi suegra y damos gracias a Dios por que muriera de manera repentina, sin sufrir ningún dolor, dejándonos con el corazón lleno de buenos momentos. Nuestro hijo sufrió un accidente del cual se está recuperando y que nos está devolviendo la capacidad de asombro ante la superación de las dificultades, ya que nuestro hijo está dando el todo por el todo. ¡Estamos muy orgullosos de él!

Muchas veces, frente al sufrimiento, se nos plantea la paradoja de cómo queremos vivirlo. ¿Queremos hacerlo desde la resignación, el desamparo, la soledad y la injusticia?, ¿o queremos hacerlo desde el agradecimiento, la entrega, la superación personal, desde eso que está tan de moda y que se llama «crecimiento personal» y «resiliencia»? ¿Desde dónde queremos vivir ese sufrimiento? Porque huir de él a lo único que nos lleva es a un mundo mundanizado, deshumanizado y sin sentido que nos conduce a la despersonalización y a la desconexión entre unos y otros por ser incapaces de integrar ese sufrimiento en nuestras vidas.

Cierto es que esta mirada viene condicionada por nuestra propia personalidad, nuestra historia de vida. Ahora bien, también se puede trabajar, porque siempre me queda la libertad para decidir cómo quiero mirar mi vida. ¿Quiero ser un pesimista sin más pretensiones?, ¿o quiero ser un pesimista bien informado? Así es como yo llamo a los optimistas, que son capaces de ver no solo las cosas negativas de la vida, sino también todo lo que hay alrededor. Puedes empezar por observar y sorprenderte de las cosas maravillosas que tienes en el día a día, y ya te advierto que son cosas sencillas, cosas a las que antes no prestabas atención, no les dabas importancia y, sin embargo, son fundamentales en tu cotidianidad.

Sin embargo, cambiar la mirada pasa por ser algo más, no solo referida a cómo vemos el mundo. ¿Cómo pueden los animales dolerse por sus crías perdidas y a nosotros no dolernos la muerte de miles de personas en el útero de sus madres? Esta sociedad está triste, esta sociedad está enferma. Pero ¿cómo no estarlo ante tanto sinsentido, cuando el hombre deja de ser y empieza a desdibujarse en el mundo, y perdemos el foco?

Agradece, y tu mirada irá cambiando día a día.

La sociedad está triste. He venido a pinchar el globo de helio en el que alguna vez se convierte la vida, algo brillante, irreal, que flota a tu lado, pero que poco o casi nada tiene que ver contigo.

La vida es mucho más apasionante con sufrimiento, porque la vida te recorre en cada una de sus circunstancias de arriba abajo por toda tu columna vertebral. Acostumbra a no dejarte de una pieza, sino que se empeña en desafiarte, en cuestionar tu tranquilidad, tu estabilidad. ¿Qué quieres que te diga? Muchas veces no me siento capaz de surfear esas olas y me digo: «Con que pase el día sin muchos daños, ya es un logro para mí».

Mientras siga siendo consciente de mis limitaciones, de mis pocas ganas de surfear, y siga valorando positivamente el pasar un día sin muchos daños, vamos bien, y no es ironía, es realismo, es verdaderamente no tirar la toalla, contar conmigo. Es saber esperar, a veces, hasta el día siguiente, a sentirme más reconfortada, y entonces atreverme a salir adelante o simplemente aprender a pedir ayuda para tomarle el pulso a la vida.

Para ilustrar un poco todo esto, hay un cuento que a mí me gusta mucho:

> El rey estaba pensativo y ausente. Se hacía muchas preguntas, entre ellas, y en un lugar destacado, por qué los hombres no consiguen ser mejores. Para buscar respuesta a este interrogante, convocó a un ermitaño con fama de sabio y ecuánime que vivía apartado en el bosque, dedicado a la meditación.
>
> Una vez en palacio, el rey le dijo:
>
> —Muchos hablan de tu conocimiento del hombre. Me han dicho que apenas hablas, que no buscas reconocimiento ni persigues el placer, que no posees nada, salvo tu sabiduría.
>
> —Eso dicen, señor —contestó el ermitaño, quitándole importancia.
>
> —Es acerca de la gente sobre lo que yo quiero preguntarte —dijo entonces el rey—. ¿Cómo podría yo conseguir que fueran mejores?
>
> —Sobre esto puedo decir que las leyes que emanan de tu poder no son suficientes en modo alguno para hacerles mejores. El hombre ha de cultivar actitudes y practicar formas de actuación para alcanzar una verdad que es de nivel superior, y llegar a la comprensión clarividente. Esta verdad de orden superior no tiene apenas nada que ver con la verdad de la ley.
>
> El monarca, sorprendido, enmudeció. Luego reaccionó.
>
> —Lo que sí puedo asegurarte, ermitaño, es que con mi poder por lo menos puedo conseguir que todo el que esté en la ciudad diga la verdad.

El sabio se limitó a responder con una leve sonrisa, y el rey, ensoberbecido, mandó construir un patíbulo en la plaza de la ciudad y puso vigilantes en la puerta de la ciudad que controlaban a todo el que entraba.

Un heraldo anunció al pueblo: «Todo el que quiera entrar en la ciudad será antes interrogado. Si dice la verdad, se le franqueará el paso, pero si miente, será ahorcado en la plaza».

Tras pasar la noche meditando en su bosque, el ermitaño se encaminó lentamente a la ciudad, y cuando llegó a sus puertas, el capitán de la guardia le preguntó:

—¿Adónde vas?

Con grave serenidad, el sabio contestó:

—Voy a la plaza para que me ahorquéis.

El capitán afirmó:

—Como no hay motivo, no será así.

—Al parecer, afirmas que he mentido; por lo tanto, tienes que mandar ahorcarme.

—Pero si te ahorcamos —repuso el oficial—, habremos conseguido que lo que has dicho sea cierto, y entonces, en lugar de ahorcarte por mentirte, te estaremos ajusticiando por decir la verdad.

—¡Correcto! —dijo el ermitaño sin inmutarse—. Ahora podéis ir al rey a decirle que ya conoce la verdad... ¡su verdad!

Con lo que pretendo con este cuento es que te preguntes: ¿merece la verdad una reflexión? ¿Merecen la vida, las leyes, las situaciones que nos rodean, una reflexión por nuestra parte? ¿Es posible que la verdad ilumine por sí misma sin necesidad de un control por parte del hombre? ¿Todas las leyes son justas? ¿Son todas verdaderas? ¿Qué verdad rige tu vida?

CUENTO ENFOCADO

En un tiempo no muy lejano, había un gran rey al cual le regalaron un halcón, una cría de halcón majestuosa, preciosa, del linaje ancestral. Pero cuál fue la sorpresa del rey cuando vio que no conseguía hacer volar al halcón. Llamó a los mejores cetreros de todo el reino y todos, afanados, intentaban hacer volar al halcón y no había manera, el animal se resistía. Así que llegó Eusebio, un pastor de toda la vida del pueblo, y dijo que él podría hacer que el halcón volase.

El rey, algo escéptico, decidió darle una oportunidad, no sin antes advertirle:

—O haces que el halcón vuele o tu cabeza rodará.

A los pocos minutos, el rey vio al halcón volando, quedó impresionado de la eficacia de Eusebio y le hizo llamar.

—Querido mío, ¿cómo has conseguido que el halcón volara?

A lo que Eusebio respondió:

—Fue fácil, señor, simplemente corté la rama en la que estaba apoyado y el halcón recordó que estaba hecho para volar.

La historia de hoy puede ser mi propia historia, sin ir más lejos.

¿Cuántas veces la vida me ha cortado la rama en la que estaba plácidamente apoyada y de esta manera me forzó a echar a volar?

¿Cómo llevo eso de salir de lo conocido para explorar mi verdadero ser?

La vida cambia, las personas, los días y las circunstancias cambian constantemente, es un hecho incuestionable, y esto requiere de nosotros un continuo proceso de adaptación.

Para ello, debemos tener en mente estas dos afirmaciones: «Aunque ahora no lo sientas así, dentro de ti puedes encontrar recursos suficientes para salir adelante y adaptarte, lo llevas haciendo de manera menos consciente toda tu vida», y «Aunque no lo creas, esto también pasará».

Querido lector, me voy a lanzar a la piscina al asegurar que estamos hechos para algo grande, y no hablo de éxito ni de popularidad. Hablo de la aventura que supone conocerse a uno mismo y actuar en consecuencia, sin acomodarme en mi posición, sino salir al encuentro del otro para seguir conociéndome y conociéndole.

Yo no necesito que me corten la rama para echar a volar, lo que necesito es confiar, y percibo que este mundo lo estamos construyendo sobre seguridades, no sobre confianzas:

- Confiar en que tengo capacidades para afrontar la vida.
- Confiar en que el otro también las tiene.
- Confiar en que el vínculo se sostiene por el amor.
- Confiar en que puedo equivocarme y puedo aprender de ello.
- Confiar en que seré acogida si pido perdón.
- Confiar en la humanidad del otro.
- Confiar en la bondad del otro.
- Confiar en que hay una razón por la que cada uno de nosotros estamos aquí.
- Confiar en que algún día pondremos más corazón en las manos y en la palabra.

¿Cómo te resuena todo esto?

Recuerda eso que llaman «zona de confort», porque yo no conozco a mucha gente que esté cómoda en esa zona.

A poco que compartas un café con ellos y los escuches, te van a contar todas sus dificultades para permanecer ahí, así que muy agradable no será. Es la zona conocida, lo cual significa que conozco dónde está mi propia porquería, dónde están los baches, las dificultades; pero no significa que me guste permanecer ahí, sino que, tal vez, no tengo la suficiente autoestima, basada en la autoconfianza, la autoimagen y el autoconcepto, para tener la valentía y la humildad de salir de allí.

Esto me recuerda a otro cuento enfocado:

> Un hombre, en una noche oscura, perdió las llaves de su casa y se puso a buscarlas alrededor de la farola. Al cabo del rato, un policía que le estaba observando se acercó y le dijo:
>
> —Buen hombre, ¿puedo ayudarle en algo?
>
> —Sí, es que he perdido mis llaves, y las estoy buscando.
>
> Así que ambos empezaron a buscar alrededor de la farola. Pasado un tiempo, el policía vio que allí no estaban las llaves y aunque le parecía un poco absurda la pregunta, se animó a hacerla:
>
> —Disculpe, ¿dónde perdió usted sus llaves?
>
> —Las perdí en el parque —respondió el otro.
>
> —Y entonces ¿por qué las estamos buscando alrededor de la farola?
>
> —Está claro: porque aquí hay luz.

Pues un poco esto pasa con la zona de confort: que sea nuestra zona conocida no significa que lo que andamos buscando esté en ella.

Ejercicio

Lo que propongo a continuación tiene como objetivo conocerte a ti mismo. ¿Y cómo te puedes conocer?

Vamos a empezar con un símil, con una metáfora, con una comparación. Sé que las comparaciones son odiosas y, muchas veces, ineludibles, pero tal vez en este momento nos sirvan de ayuda.

Compárate con una casa, una en la que tú habitas, y reconoce en ella tu cuerpo, tu mente, tu corazón y tu espíritu.

Piensa en cómo es el edificio, el terreno en el que está edificado, el barrio; visualiza cómo es por fuera, en si tiene patio posterior o no; piensa en cómo son los cimientos, ¿qué valores pondrías ahí?, ¿cuáles son los valores que sostienen tu casa?, y por último piensa en las paredes, de qué material están hechas, si son rígidas y, por lo tanto, frágiles, o en cambio son firmes y flexibles.

GRUPO DE VALORES	CONCRETA TUS VALORES AQUÍ
1. **Corporales:** Resistencia, fuerza, bienestar, energía, vigor, agilidad, higiene…	
2. **Intelectuales:** Inteligencia, racionalidad, creatividad, integridad, pensamiento crítico, comprensión, análisis lógico, imparcialidad, autorrealización…	
3. **Afectivos:** Amabilidad, amor, diálogo, prudencia, tolerancia, gratitud, estimación, compañerismo, fraternidad,	

benevolencia, aprecio, respeto, naturalidad, confianza, empatía, paciencia, firmeza, optimismo...	
4. **Estéticos:** Armonía, perfección, belleza, esbelto, delicadeza, impresionante, fealdad, obsceno, elegante...	
5. **Familiares:** Aquellos valores que te hayan inculcado en tu familia y que tú decidas asumir como propios. Perseverancia, templanza, magnanimidad, excelsitud, donación, aptitud, diligencia, laboriosidad...	
6. **Morales:** Bondad, generosidad, compasión, incorruptibilidad, lealtad, tolerancia, honestidad, humildad, sinceridad...	
7. **Sociales:** Aquellos que se viven en la sociedad en la que vives y tú quieras asimilarlos como propios, el bien común, la prosocialidad, el altruismo, la paz, la tolerancia...	
8. **Ecológicos:** Amor, conciencia, conservación, sensibilidad, convivencia, respeto y responsabilidad hacia el medio ambiente...	
9. **Instrumentales:** Ambición, mente abierta, capaz, valiente, ánimo, perdón, servicial, independiente, controlar, obediencia...	

10. Religiosos: Si profesas algún credo los valores propios de tu religión. Humildad, caridad, esperanza, amor a ti mismo, amor al otro, confianza, compromiso...	

Para clarificar el punto de los valores, he tomado este cuadro del libro *Valores del cuerpo educando*, de Enrique Gervilla. Te servirá para clasificarlos en corporales, intelectuales, afectivos, estéticos, individuales, morales, sociales, ecológicos, instrumentales y religiosos.

A continuación, piensa en el tejado, de qué material está hecho, si ves o no las estrellas desde allí, si tiene chimenea; después visualiza las habitaciones, cuántas tiene, cómo son; piensa si dispones de espacio para todas tus esferas dentro de tu casa, y luego piensa en ti, dónde te encuentras la mayor parte del tiempo, si tienes un espacio para tus hobbies, si compartes con alguien tu casa.

Seguidamente, visualiza la puerta de tu casa, cómo es, de qué material está hecha, si tiene una sola o varias, cómo es la cerradura, quién tiene la llave o quién tiene un duplicado por si tú pierdes la tuya.

Ahora piensa en si es una casa silenciosa o está habitada por muchos... pensamientos, emociones; si la reconoces como tu lugar de paz, de encuentro, o como un lugar desconocido o incómodo.

Una vez conocida toda tu casa, pregúntate si hay alguna reforma que quieras hacer, cuál es el motivo, qué valor impulsa ese cambio, y si necesitas a alguien que se encargue de ello.

Y así puedes añadir tantas preguntas como necesites para completar este magnífico ejercicio de autoconocimiento que, aparte de ser divertido y realista, será muy ilustrativo para comprender qué pasa dentro de ti.

2

DE LA EMOCIÓN A TI

¿Realmente las necesitas o solo son un incordio?

No sé qué opinas tú, porque muchísimas veces se piensa que las emociones nos incordian, nos molestan, que están ahí para hacernos la vida un poco más compleja, más difícil, menos sencilla.

> Educar la mente sin educar el corazón no es educación en absoluto.
>
> ARISTÓTELES

Para mí las emociones sirven para llenar nuestro día a día de información y me ayudan a integrar lo que vivo. Podríamos definir la emoción como una respuesta de nuestro ser a un hecho real o imaginario, que tiene lugar dentro o fuera de mí, que tiene lugar ahora, que tuvo lugar en el pasado o tendrá lugar en el futuro, que está directamente relacionado conmigo o con alguien con el que haya establecido un vínculo, o incluso con alguien que no conozco de nada y que provoca en mí un movimiento, me conmueve y me predispone a una acción, en principio, adaptativa.

> La emoción es la textura subjetiva de nuestra vida.
>
> DANIEL J. SIEGLE

La emoción es, según Daniel J. Siegel y su neurobiología interpersonal, un cambio en la integración del flujo de energía y de información que se da en el encuentro de una persona consigo o con otra realidad. Las emociones positivas darían lugar al mayor grado de integración de la persona con el estímulo y, por lo tanto, a un mayor grado de cohesión, fluidez y adaptabilidad a la vida, mientras que las negativas darían lugar a un menor grado de integración y, por consiguiente, al caos y a la rigidez.

Y esto tiene mucho sentido. Ponte por un momento en una situación donde la ira se haga presente en ti; por ejemplo, tu jefe no respeta tus horarios laborales y otra vez da por hecho que el sábado tienes que estar pendiente del email y te pide que le envíes una información. ¿Cómo de conectado te sientes hacia tu jefe? ¿Sientes que la relación es fluida o rígida? ¿Es ordenada o caótica? ¿Te sientes en armonía y alineado con tu ser o te sientes desplazado por tu eje?

Entender las emociones como cambios en la integración de los flujos de energía y de información da pie a que yo sea sujeto activo en esos cambios, y me permite abrir de alguna manera ese grifo para recibir más energía y más información o cerrarlo para recibir menos. Para ello es preciso que conozca las emociones y desarrollar herramientas de inteligencia emocional.

Hasta aquí, la teoría. Ahora bien, con esta teoría nos damos cuenta de varias cosas.

Para empezar, prácticamente todo lo que pasa dentro o fuera de mí, ya sea real o imaginario, me provoca una emoción y me predispone a una acción. En primer lugar, me predispone a tener muy en cuenta las emociones para saber qué información me están dando sobre cómo yo interpreto la realidad. Por otro lado, me predisponen a una acción, pero no deciden por mí qué acción debo realizar (lo veremos más en profundidad en el próximo apartado). Está estudiado que siempre hay un margen de actuación: por muy enfadada o eufórica que esté, puedo decidir cómo quiero actuar o expresar esa emoción. Asimismo, las emociones no tienen carácter ético; no son buenas ni malas, solo son. ¿Por qué se las llama normalmente «emociones positivas» o «emociones negativas»? Fácil, porque responden a estímulos placenteros o displacenteros, pero no porque tengan un carácter ético. Lo que tiene un carácter ético es la acción que yo efectúo movida por esa emoción, pero la emoción en sí no es éticamente ni buena ni mala. Eso sí, las emociones positivas nos facilitan conductas de aproximación o movimiento y las negativas, de evitación o parálisis.

Otro elemento a tener en cuenta respecto a las emociones es lo que viene en llamarse «asimetría hedónica». La asimetría hedónica quiere decir que las emociones negativas las percibimos más fácilmente por ser mayor su intensidad, permanecen más en el tiempo, provocan mayor displacer y la activación fisiológica es mayor que la motivada por las emociones positivas. Estas, en cambio, no las percibimos con tanta intensidad, ni duran tanto en el tiempo, son más lábiles, requieren más atención por nuestra parte para detectarlas e interpretarlas, y no nos activan fisiológicamente tan rápido. Están menos diferenciadas que las negativas, amplían nuestro foco de atención, son más flexibles e incluso tenemos menos vocabulario para nombrarlas.

Los estudios han demostrado que, en el día a día, no recibimos más *inputs* que nos puedan provocar emociones negativas que positivas. Esto quiere decir que aprender a abrir la mirada nos facilitará empezar a vivir y dejar de sobrevivir.

En este punto me viene a la mente un cuento enfocado:

> Había una vez un maestro que quería enseñar a sus discípulos esto de abrir la mirada, así que cogió un papiro, pintó un punto negro en el centro, lo enrolló y se lo presentó a sus discípulos. Desenrollándolo, les preguntó:
>
> —Queridos discípulos, ¿qué veis en este papiro?
>
> Todos ellos se cuestionaron y empezaron a revisarlo. Todos veían ese puntito negro en el centro, así que el primero dijo:
>
> —Maestro, yo veo un punto negro.
>
> El siguiente prosiguió:
>
> —Sí, yo también veo ese puntito negro.
>
> Y así el resto de los discípulos.
>
> Entonces el maestro respondió:
>
> —Efectivamente, en este papiro hay un punto negro, y también hay un papiro prácticamente en blanco.

¿Esto qué quiere decir? Que dada nuestra naturaleza, tenemos una mayor facilidad para percibir las emociones negativas, que son más intensas y duraderas en el tiempo. Pero que si abrimos la mirada, seremos capaces de ensanchar el corazón, de agradecer lo que tantas veces damos por supuesto y de percibir las emociones positivas que haberlas, haylas.

Entiendo que las emociones son un incordio cuando no sabemos regularlas, cuando no hemos abierto la mirada y cuando no hemos tomado conciencia del potencial que tienen. Sí, porque nos incordian. Todo cambia cuando somos capaces de abrir la mirada, ¡de ensanchar el corazón y de regularnos emocionalmente! ¡El mundo se vuelve un lugar apasionante y de colores!

La principal función de las emociones es darnos información sobre nosotros y los demás. En concreto, las adaptativas preparan a nuestro organismo, predisponen a la persona para realizar una acción conforme a la situación que está viviendo; las sociales comunican nuestro estado de ánimo a los demás y a uno mismo, y las motivacionales facilitan la conducta.

Por eso es importante saber a qué nos predisponen las emociones básicas, que son aquellas que, independientemente de la educación, el entorno social o la raza, todos sentimos y somos capaces de reconocer físicamente:

- La sorpresa nos predispone a la exploración.
- El asco nos predispone al rechazo o a la evitación.
- La alegría nos predispone a la filiación y al pensamiento flexible o creativo.
- El miedo nos predispone a la huida o a la protección.
- La ira nos predispone a la autodefensa o al ataque.
- La tristeza nos predispone a la reintegración personal, a la introspección y a la reconciliación.

Como ves, de todas las emociones básicas solo hay una positiva, que es la alegría; en cuanto a la sorpresa, es una emoción básica ambivalente ya que no se sabe si es positiva o negativa hasta que no exploro y puedo percibir el evento sorpresivo como positivo o negativo.

¿Y dónde se generan las emociones? Podríamos dividir el cerebro en tres partes anatómicas:

- La parte reptiliana, formada por el bulbo raquídeo y la médula espinal.
- El sistema límbico, formado principalmente por la amígdala, que es donde se generan las emociones.
- Y la corteza prefrontal, que sería donde se ubica la razón.

Hay varios datos que nos ayudan a hacernos una idea de cómo va desarrollándose el cerebro:

- El sistema límbico madura entre los diez años en niñas y los doce años en niños; es decir, el centro de las emociones está maduro en la preadolescencia.
- La corteza prefrontal madura entre los veinticinco y los treinta años.

Por lo tanto, hay un desfase entre la maduración del sistema límbico y la corteza prefrontal.

Por otro lado, la conexión que hay entre el sistema límbico (la emoción) y la corteza prefrontal (la razón) vendría a ser una carretera de veinticinco carriles; dicho de otro modo, la emoción alcanza la razón rapidísimo, por eso una emoción puede nublar mi razón. Sin embargo, el camino inverso, de la razón a la emoción, imagínatelo como una carretera secundaria, cutre, llena de baches; de modo que hacer el camino inverso requiere de práctica.

Por eso cuando uno está «ahogándose en cortisol» en una emoción no es el momento de darle razones de por qué no debe sentirse así, o minimizar su emoción, sino que, a través de la empatía, poder conectar su cerebro emocional y racional. Más adelante hablaremos de ello.

La inteligencia emocional principalmente sirve para adaptarnos al entorno cambiante, dinámico y exigente en el que vivimos a través de la creatividad, la regulación de uno mismo, la conexión con los demás, la automotivación en momentos de desidia o complejos, la disciplina, tener un pensamiento claro y dirigido a objetivos, una autoestima sana, ser sociable y agradecido. Sin embargo, sirve sobre todo para cuando la otra persona ni vive ni siente ni ve la vida como yo la vivo, la siento y la veo; cuando no entendemos sus decisiones, o las cosas que hace, porque actúa de forma que no comprendemos y nos genera un gran malestar. En definitiva, cuando el otro piensa, siente o actúa de maneras que no llegamos a entender, cuando solo la razón no parece ser la solución, ahí es cuando necesitamos la inteligencia emocional.

Asimismo, la inteligencia emocional sirve para mejorar tu autoconocimiento y la toma de decisiones; favorece el rendimiento laboral, aumenta la motivación y ayuda a alcanzar las metas; también mejora las relaciones interpersonales, ayuda a dormir mejor y beneficia la salud inmunológica; favorece el desarrollo personal, protege y evita el estrés, aumenta el bienestar psicológico, reduce la ansiedad y ayuda a superar la depresión, otorga capacidad de influencia y liderazgo... y un largo etcétera. Por lo tanto... ¿por qué no adentrarnos en ella?

Muchísimas veces hay emociones que nos incomodan, como pueden ser la rabia, la ira, la culpa o la tristeza. Podemos decir de todas ellas, sin miedo a equivocarnos, que tienen una función adaptativa, que sirven para algo. Pongamos como ejemplo la culpa. Se trata de una emoción que surge cuando tenemos la necesidad de reparar un daño causado, que nos pone en consonancia y con cierto control de lo que acaba de suceder. Por eso solemos sentir culpa cuando hemos perdido a una persona querida y no nos hemos despedido de ella o no hemos hablado, sincerado más con ella, o no la hemos cuidado tanto como habríamos querido, o, en definitiva, por no haber evitado su muerte. Esa culpa lo que hace es mantenernos en pie, es muy activadora, permite que podamos afrontar nuestro día a día. Ahora bien, el coste emocional que conlleva soportarla desgasta lo suyo. Por eso conviene diferenciar entre la culpa adaptativa y la culpa desadaptativa (sirve para cualquier tipo de emoción que sea de un tipo u otro).

Ambas se sienten igual, se viven igual, se piensan igual y, por lo tanto, se actúa igual. La gran diferencia entre la emoción adaptativa y la desadaptativa es que una cosa es ser culpable y otra cosa distinta es sentirse culpable. Porque ser culpable se basa en hechos concretos, pero el sentirse culpable no tiene por qué basarse en hechos reales. Es simplemente un sentimiento que nos está ayudando en un momento dado para sostenernos en el día a día, o nos da tiempo para procesar un límite o nuestra finitud. Por ejemplo, cuando un familiar cercano fallece, muchas personas tienden a sentir culpa, una culpa que la viven muy real. Esto les mantiene en pie gracias al carácter activador que tiene esta emoción y les da la falsa idea de que podrían haber cambiado algo de lo ocurrido, de que ellos tenían capacidad de modificar esa muerte. Esto lo que hace es sostener a la persona antes de que esta tenga fuerzas para enfrentarse a la finitud de nuestras capacidades y de la vida misma, donde hay infinidad de cosas que se escapan a nuestro control. Sostiene a la persona antes de hacer frente a su tristeza, a su sentimiento de soledad o de orfandad. La culpa le ayuda en ese momento concreto, pero el problema se presenta si esta se mantiene en el tiempo o se vuelve muy pesada, porque entonces la persona empieza a castigarse a sí misma por no aceptar que no todo depende de nosotros y, ni mucho menos, podemos controlar.

> La pena resulta no ser un estado sino un proceso.
>
> C. S. Lewis, *Una pena en observación*

Verdaderamente, lo que hay detrás de la culpa es el amor; y me explico. Cuando uno no ha tirado la toalla de la relación con el otro, cuando uno todavía quiere que las cosas cambien, cuando uno no se resigna a la realidad que se le presenta, tiende a sentir culpa porque le mueve a intentar cambiar esa realidad, a no tirar la toalla. Pongamos el ejemplo de dos personas que siempre habían tenido una buena relación y un hecho puntual —una herencia, una enfermedad, una situación que implica una cierta dificultad— ha conllevado la ruptura de esa relación. Vamos a ver la reacción de estas dos personas teniendo en cuenta que el ser humano, al ser la única criatura capaz de actuar y tomar partido en el desarrollo de su propia vida, es sujeto y no objeto de ella.

Una de estas personas, a la que llamaremos Carmen, motivada por su baja autoestima, su poco autoconocimiento, su comparación con los demás y la poca consideración que tiene de sí misma, derivada tal vez de una falta de apego con sus padres, le lleva a pensar que no puede hacer nada para cambiar, que aunque vislumbra que ha cometido algún error en cuanto a la gestión de la situación, como considera que no tiene herramientas suficientes para afrontarla, le da la vuelta de manera no muy consciente. En este punto, Carmen se ve como víctima de todo y de todos. Por consiguiente, vive el hecho conflictivo desde el sufrimiento, la no responsabilidad y el victimismo, y como estar solo en una emoción es muy difícil, es muy probable que Carmen contagie de alguna manera estas emociones a la otra persona.

Fijémonos ahora en la otra parte del conflicto. Inés ha vivido la misma situación que Carmen. Sin embargo, a diferencia de esta, Inés es consciente de que no todo lo puede, aunque sí merece la pena intentarlo; sabe elegir sus batallas, se conoce a sí misma y conoce su personalidad y, por lo tanto, en esta situación desagradable en la que ambas son sujetos, ella decide ser sujeto activo. Ante los desprecios de Carmen, Inés, al principio, siente culpa, una culpa lacerante que no entiende de dónde procede, ya que ella ha actuado de buena fe en toda la situación. Pues, querida Inés, esa culpa habla del amor que le tienes a Carmen, de que por mucho que ella te lo esté poniendo difícil, tú quieres que las cosas vuelvan a ser como antes, que confías en tus recursos para poder cambiar la relación que tienes con Carmen. Ahora bien, acércate a ella sabiendo que pisas un terreno personal que rebosa sufrimiento. En mi opinión, el interior de una persona es terreno sagrado; así pues, descálzate y, con toda la humildad del mundo, acércate sabiendo que las distancias y la cercanía no las vas a marcar tú, sino ella, y sabiendo también que los desplantes de Carmen hablan de su herida, de su dificultad para afrontar lo que estáis viviendo, hablan del daño que muchas veces le hace tu presencia por el mero hecho de ser quien eres y de ella considerarse como se considera.

Mucha culpa es lacerante e injusta y poca o ninguna implica comportarse como si no existiera una ley interior. Por lo tanto, la culpa, en dosis adecuadas, es reguladora y vital. Y si el nombre te da cierto reparo, puedes sustituirlo, aunque no sea exactamente lo mismo, por responsabilidad. ¿Qué responsabilidad tienes tú en la situación que estás viviendo con el otro? ¿Qué responsabilidad quieres ejercer tú en este conflicto hacia esa persona? Formulado de esta manera, te sitúas como sujeto activo de la situación que estás viviendo, de protagonista. Tienes capacidad de acción, no eres un sujeto pasivo, una mera víctima de tus circunstancias y de los demás, o incluso de esta sociedad, sino que verdaderamente puedes hacer algo por cambiar el mundo de relaciones personales que te rodea. Porque la culpa se materializa cuando la referimos a una persona concreta. Imagínate que llegas y te comes un litro de helado, y que luego una sombra se cierne sobre tu cabecita porque sientes culpa, porque socialmente está reprobado comerse un litro de helado, o porque realmente no le sienta bien a tu cuerpo, a tu persona. En el primer caso lo estás comparando contra un ideal, una fachada, una careta; en el segundo, lo estás concretando en tu persona. Seguramente sientas culpa por eso, porque te mereces tratarte con cariño y respeto, te mereces que en momentos de ansiedad y de dificultad puedas hablar con otra persona con el fin de dar salida a esas emociones y no sea necesario un litro de helado para calmar esa ansiedad de manera momentánea, ya que te encierra en un círculo vicioso al sentir más ansiedad y más culpa por haberte comido ese litro de helado. Dicho de otro modo, la culpa, cuando tiene relación con el daño realizado a uno mismo o a otra persona, es cuando da lugar a la responsabilidad. Si tiene que ver con una idea o con el qué dirán, esa culpa podrá convertirse en un yugo pesado que nos esclavice a unas leyes sociales que no habremos asumido como propias y, por lo tanto, nos resultará muy difícil cumplirlas, y su incumplimiento acarreará más culpa.

Esto pasa, por ejemplo, en el amor, si la aproximación al amor se hace desde la idea del amor romántico o si se hace desde el amor encarnado en una persona.

El amor romántico es inesperado, súbito, a primera vista, requiere de grandes pruebas de amor, te olvidas de ti mismo para centrarte solo en el otro, tiene expectativas mágicas, es inalterable a lo largo del tiempo, resistente a todo tipo de dificultades, y el otro se convierte en mi media naranja, al que necesito para respirar, incluso para vivir.

Así escrito te puede parecer un poco exagerado, pero te asombraría la cantidad de personas que inician una relación con esta idea del amor. Cuando esto sucede, con frecuencia el otro comete errores, no reacciona como yo creo que debería reaccionar, y como las dificultades no solo se solucionan con amor, entonces mi día a día empieza a rebatir mi idea sobre el amor. Esto provoca muchísimo sufrimiento y sentimiento de culpa, ya que «debe de ser que no estoy poniendo suficiente amor o suficiente de mi parte para que esta relación salga adelante», piensas, porque una relación de amor romántico jamás se termina y, por consiguiente, me esclaviza porque no puedo no amarle, no puedo hacer uso de mi libertad ni para amarle o para no hacerlo, porque soy rehén.

Sin embargo, si yo establezco una relación afectiva con otra persona basándome en el amor, me une a la realidad, a la diferencia y al conocimiento del otro y de mí; yo no intento cumplir unas expectativas, unas ideas preconcebidas, sino que vivo el presente y lo afronto desde el yo y desde el nosotros, en verdad. Este tipo de amor me hace libre, me deja tomar mis propias decisiones, me invita a determinarme en las dificultades a favor o en contra de esa unión, a responsabilizarme, y no a culparme o menospreciarme por mis actos.

De igual manera puede pasar en la relación con los padres. Yo me puedo relacionar con ellos de manera idealizada, es decir, a partir de cómo pienso que deberían ser los padres con sus hijos, y como mis padres no se ajustan a mis ideales, los puedo tiranizar, no aceptarlos, recriminarles —aunque solo sea en mi interior— que no sean los padres que yo debería tener o, incluso, que nadie debería tener. Esta idea lo único que hace es desconectarme de la realidad de mis padres, de lo que son realmente; en consecuencia, me impide descubrir las bondades que tienen, porque las tienen, aunque estén debajo de un montón de errores y heridas. Lo peor de todo es que esta idea me ciega para vivir en la realidad, en verdad, y dificulta mucho el encuentro y el uso de la libertad.

Esto se puede observar también en la religión, que es una manera de vivir la trascendencia con un Ser superior. En concreto, porque es la que más conozco, me centraré en la religión cristiana. Si yo veo la religión como un conjunto de normas y leyes que debo cumplir, la culpa será mi compañera constantemente: me daré cuenta de que yo, con mis propias fuerzas e intención, no puedo cumplir esa cantidad de preceptos y normas que se me imponen y entonces podré caer en el cumplimiento de una ortodoxia; en cambio, si mi relación es con Cristo vivo, con una persona concreta, real, unida a mí por el amor, todo cambia. Por lo tanto, cuando actúo, y ya no hablo en términos de cumplir unas normas, ¿a qué me mueve el amor por Cristo?, ¿es mi relación con esa persona, que es a la vez verdadero hombre y verdadero Dios, la que enmarca mi relación conmigo y con los demás?, ¿es ese amor concreto el que me mueve y me conmueve a actuar de una determinada manera como respuesta?

Reflexiona ahora sobre la peculiaridad: un animal no es capaz de sentir culpa porque no es capaz de tomar sus propias decisiones y de valorar la repercusión que estas tienen hacia sí mismo y hacia el otro. De este modo, sentir culpa habla de nuestra humanidad, de nuestra libertad; el hombre es el único animal capaz de sentir culpa y que, al no sentirla, puede llegar a dejar de ser quien es, la criatura que es. No hay ningún otro animal que pueda hacer esto. Para actuar con responsabilidad hay que dejarle más espacio al Amor con mayúsculas (a ello volveremos en el capítulo 5 «De ti al otro»).

La culpa está muy denostada, muy ridiculizada. Parece que sentir culpa implica ser débil o masoquista, que algo no va del todo bien dentro de ti. Pero, como ya hemos visto, si sustituimos la palabra «culpa» por «responsabilidad», la cosa cambia.

La culpa nace para que no acabemos los unos con los otros. *A priori* parece una gran función atribuida a la «inútil culpa», y es que los primeros hombres debían de comportarse de manera similar a como se comportan los animales: un macho dominante que es el encargado de perpetuar la especie con las hembras de su manada, y el resto de los machos bien alejados de ellas. Pero aquí ¿dónde está la culpa? Pues resulta que a esos machos «descartados» se les llena el gorro de pipas y deciden ir todos contra el macho alfa y lo matan. Y ahora, ¿quién se hace con ese hueco? Pues una manera de que la historia se frene y no se convierta en un permanente «todos contra todos» es a través de la culpa. *Voilà!* La culpa hace su aparición con el fin de evitar la masacre, ya que sintiendo culpa por haber matado al «padre», se frena el seguir matando a los «hermanos». Lo cual lleva a dos detalles muy interesantes:

- Se favorece la exogamia, ya que no es un macho solo al que se le permite procrear, lo cual es fundamental para que la especie se mantenga sana genéticamente hablando.
- Evita el incesto, lo cual también es bastante de agradecer.

Así que la culpa, como cualquier otro sentimiento, dice mucho de la persona que la siente, y además evita el desvarío...

¿Qué pasaría en una sociedad que no sintiera culpa, o por lo menos una culpa «bien entendida»? ¿Has reflexionado sobre esto, querido lector? Pues te invito a hacerlo.

El sufrimiento, como la culpa, es otra emoción en la que cabe diferenciar muy claramente esta parte evitable de la inevitable. Hay un sufrimiento que es inevitable, que coexiste en la vida y que no podemos negarlo constantemente porque, por mucho que lo intentemos, siempre va a estar presente. Además, está demostrado que el crecimiento personal se da en las situaciones de mayor dificultad y sufrimiento. Quien ama, sufre, o, por lo menos, quien ama, tiene un corazón capaz de sufrir. Luego existe un sufrimiento evitable, que es aquel que nace de la activación de nuestro «cerebro pensante». Me explico. Podemos dividir nuestro cerebro en dos de manera imaginaria: el cerebro pensante y el cerebro observante, tal como indica Russ Harris en su libro *La trampa de la felicidad*. El cerebro pensante es el que se dedica todo el día a martillearnos con sus pensamientos. Hay estudios que apuntan a que más del 80 por ciento del tiempo estamos hablando con nosotros mismos, así que el cerebro pensante está todo el día invadiéndonos con pensamientos que normalmente nos juzgan a nosotros mismos, pero también con los que nos sentimos juzgados por la sociedad o incluso por la propia vida. Por otro lado, el cerebro observante nos sitúa en el aquí y el ahora, es el que nos hace ser conscientes y estar presentes en lo que estamos viviendo en cada momento, y no el que nos habla del futuro o del pasado. Verdaderamente, el presente es árbol de vida; es decir, el pasado lo tenemos para aprender de él, el futuro no lo tenemos y el presente, como bien dice la palabra, es un regalo. Habría otro tiempo más, la eternidad, de la cual forma parte el presente, así que podríamos decir que en realidad tenemos esos dos tiempos, el presente y la eternidad, porque las cosas que hagamos hoy y que vivamos hoy sí formarán parte de esa eternidad. Es muy importante tener esto en cuenta para cuando nuestro cerebro nos lleve al pasado o al futuro, y uno nos genere tristeza y el otro nos genere ansiedad, para que seamos capaces de hacer el ejercicio de volver la mirada al ahora. Y la respiración es una herramienta muy sencilla y maravillosa para lograr esa regulación emocional, aprendiendo a respirar y a concentrar nuestra atención en nuestro físico, en nuestro cuerpo, en los pulmones y el diafragma.

Estábamos hablando del sufrimiento evitable y el inevitable, así que ya puedes imaginar por dónde va el sufrimiento evitable, ¿no? ¡Eureka! El sufrimiento evitable va por el cerebro pensante, el que nos lleva al pasado de todo lo que no llegamos a hacer, o hicimos mal, de todo lo que nos hubiera gustado hacer o de lo que no podremos hacer en el futuro porque las cosas han cambiado, y no podemos hacer nada por evitarlo más que resignificar ese sufrimiento como un sufrimiento evitable.

El sufrimiento es consustancial al ser humano: la capacidad que tenemos de recordar, de volver a pasar por el corazón, ya lleva implícita nuestra capacidad de sufrir. Pero hay mucho más. Ya solo la palabra «sufrimiento» es un gran misterio, teniendo en cuenta la infinidad de sufrimientos que hay, tantos como personas podemos sufrir, ya sea de manera física, emocional o espiritual. ¿Son acaso todos lo mismo? ¿Cuál es mayor? ¿Cuál es menor? Muchas personas hoy en día me hablan de evitar el sufrimiento o evitarles el sufrimiento a otros. ¿Es eso posible? ¿Puedo anestesiarles para que no sufran? Dejarían de sufrir, sí, pero también dejarían de sentir, de vivir. El sufrimiento inevitable no se puede anestesiar, no es posible eliminarlo. Así que ahora se nos plantea otra pregunta: si evitar el sufrimiento es imposible, ¿cómo quiero afrontar yo mi propio sufrimiento y cómo quiero afrontar yo el sufrimiento del otro? Porque para esto tenemos la libertad, para decidir cómo queremos actuar. Así que el sufrimiento es algo muy personal, depende de cada uno de nosotros y cada uno lo afrontamos de maneras distintas.

Hoy mismo me ha llamado un amigo mío, Miguel, para decirme que por fin Patricia ha dado a luz a Fátima, una niña rubita preciosa que ha nacido con un síndrome raro muy complejo que, según les dijeron durante todo el embarazo, es incompatible con la vida. Aun así, Miguel me ha confirmado que Fátima iba a tener unas horas de vida y quería preguntarme en confianza sí sería bueno que sus hijos conocieran a su hermana, pensando en evitarles un mayor sufrimiento a los críos. Como ves, una situación muy humana. Tomando esta situación como ejemplo, podemos hacernos varias preguntas: ¿quién está sufriendo más de todos ellos?, ¿Patricia, Miguel, Fátima o los hermanos?, ¿o cada uno está sufriendo de manera diferente, particular?, ¿todo depende, como decía Carl Rogers, del mundo de los significados?, ¿qué significado tiene para cada uno lo que allí está sucediendo?

Esto del sufrimiento evitable e inevitable está estudiado: no solo el proceso de la memoria depende del estado de ánimo, sino que también nos afecta a cómo interpretamos lo que estamos viviendo y cómo vemos el futuro desde el presente que vivimos (Schachter, 1995). Es decir, que si tú te sientes sufriente, doliéndote, es más sencillo que recuerdes momentos que te hicieron sufrir en tu vida. Si tú sientes que sufres, es más sencillo que encuentres situaciones en el día a día para aumentar ese sufrimiento o que le den sentido al mismo, y verás tu futuro más gris.

Ojo con esto, porque si echas la vista atrás y, bueno, alguna alegría hay, pero casi todo lo ves gris, en soledad y angustia..., es muy probable que no sea verdad al cien por cien, porque el ser humano no puede vivir exclusivamente bajo la emoción de la tristeza, el desamparo, la incomprensión...

En consecuencia, busca, encuentra y, si puedes, comparte con alguien esos momentos de felicidad, alegría y amor que localices, y procura no tomar decisiones cuando las emociones te han «secuestrado» la razón... porque es posible que metas la pata.

Muchas veces las emociones, sobre todo las displacenteras, nos predisponen a acciones muy apremiantes porque nos gusta poco estar y permanecer en una emoción negativa y rápidamente queremos salir de ahí, sin tener en cuenta que una parte de nuestra razón estará secuestrada por la emoción. Por ejemplo, llevas un tiempo mal contigo mismo, mal en el trabajo, mal en la familia, y de repente ocurre un evento que hace saltar todo por los aires. Entonces sientes que tienes que irte de casa, o dejar el trabajo, o cambiar radicalmente una realidad, aunque tal vez no estés usando toda tu capacidad para tomar esa decisión, porque las emociones negativas que sientes tan intensamente estén secuestrando parte de tu razón y quizá estés empezando a hacer atribuciones sesgadas de tu realidad.

Y en esto de la atribución, Bernard Weiner tiene mucho que decir. Según este psicólogo estadounidense, las personas necesitamos explicaciones razonables para todo lo que ocurre a nuestro alrededor, ya sean éxitos o fracasos. Una de esas atribuciones es el punto de si las acciones que originan lo que sucede alrededor nuestro dependen en gran medida de nosotros mismos (*locus* de control interno) o, por el contrario, no dependen prácticamente nada de nosotros (*locus* de control externo). Otra atribución que hacemos es la temporalidad de las causas que provocan las situaciones, que pueden ser estables o inestables, es decir, si hay una alta probabilidad de que se repitan en el tiempo o bien se han dado de manera fortuita; esto generará distintas emociones y nos devolverá diferentes significados sobre uno mismo y lo que está viviendo.

Respecto al sufrimiento, si atribuimos sus causas a un *locus* de control externo y a causas estables, la capacidad de cambio de la situación la sitúo fuera de mí, de manera poco flexible; esto es, que se resistirá al cambio, con lo cual el abordaje será más complicado. ¿Ves la importancia de las atribuciones causales a la hora de manejar el sufrimiento o cualquier otra emoción?

Si pensamos que el *locus* de control es solo interno y que las causas son estables, nos diremos frases del tipo «si quieres, puedes» o «todo es cuestión de actitud», porque todo depende de mi actitud, de mis habilidades para mantenerme optimista y proactivo ante la vida, de mi inteligencia, elementos que no varían fácilmente, por eso son estables. Si la persona consigue lograr el éxito que se ha propuesto, ganará confianza en sí misma, orgullo. Pero ¿y si no lo consigue? Entonces es muy posible que se juzgue a sí misma como incapaz, que sienta vergüenza, decepción personal, pesimismo.

¿Y qué ocurre si las causas son inestables? ¿Cómo se puede sentir la persona? Pues atribuyendo un *locus* de control interno, causas inestables y obteniendo éxito, la persona podrá sentir que ha merecido la pena el esfuerzo que ha realizado, si bien no sabrá si será capaz de repetirlo. Sentirá satisfacción por su tesón y alivio, porque todo ha salido bien. Pero ¿y si fracasa? Entonces puede que piense que el esfuerzo no ha merecido la pena, sentirá culpa por no haberse esforzado más, incertidumbre y miedo ante el futuro por si se repite, ya que él no controla las variables y estas, además, son fortuitas.

Abordemos ahora la situación de «si quieres, puedes», pero vamos a poner el *locus* de control externo, es decir, la persona lo sitúa fuera de sí, y considera las variables estables. Si obtiene éxito en lo que emprendió, ¿qué emociones puede generar? Tal vez llegue a pensar que todo es más sencillo de lo que parecía en un principio, sienta seguridad ante la vida fácil y tenga esperanza en el futuro. Pero ¿y si el resultado es el fracaso? Pues podrá sentirse desvalido, inseguro, incluso con rabia o ira hacia la vida por ser tan injusta y cruel con él. ¿Qué ocurriría si las variables fueran inestables y obtuviera el éxito?, ¿y el fracaso? Pues si obtuviera éxito atribuyendo el *locus* de control externo y las variables inestables, tal vez sienta que la vida le sonríe, que tiene suerte, que se le regala el éxito porque él no es capaz, incluso se sienta agradecido y quizá hasta culpable porque no se considere merecedor de tantas atenciones. Pero ¿y si fracasa? Quizá se sienta estúpido por haber intentado algo que no dependía de él y que encima le ha salido mal, que tiene mala suerte, tal vez se enfade con la vida, e incluso desarrolle el síndrome de indefensión aprendida, que se da cuando se intenta muchas veces cambiar una situación, pero se termina situando el *locus* de control externo, las variables inestables y el resultado siempre es el fracaso.

Todavía recuerdo un post que hice en Instagram sobre el

duelo. En estos tres años que llevo en la plataforma ha sido el post más visto, con casi dos millones de reproducciones, miles de comentarios... Muchísimas personas sufren, generalmente en silencio, su duelo, su pérdida. Muchas veces lo viven como un trauma y en soledad, donde la culpa campa a sus anchas (*locus* de control interno) y los tiene atenazados, o bien, si se la atribuyen al mundo (*locus* de control externo), se sienten víctimas del sistema. Ambas actitudes les tienen «congelados» en su situación de sufrimiento; son incapaces incluso de encontrar sentido a lo que están viviendo y poder así trascender a esa situación y crecer personalmente.

Esto de las atribuciones puede cambiar con el tiempo, y cambiar el lugar desde donde veamos las situaciones. Es decir, una situación que estoy viviendo ahora de muchísimo sufrimiento a lo mejor, con el paso de los años, soy capaz de darle otro sentido, otro significado, de integrarla en mi biografía y ver todo lo que he evolucionado desde ese momento, cuánto he crecido personalmente. ¿Y si esto lo pudiéramos hacer justo cuando estamos viviendo esa situación de sufrimiento? ¿Y si, estando en esa situación de sufrimiento, pudieses plantearte si estás atribuyendo las causas de manera correcta? A veces, cuando compartimos estas reflexiones con alguien que sabe escuchar, este es capaz de devolvernos información útil que nos ayuda a resignificar la situación, a encontrarle un sentido distinto al que nosotros *a priori* le habíamos dado, y por lo tanto nos ayuda a crecer personalmente.

Mi sufrimiento me habla de los significados que atribuyo a lo que vivo, y de ahí toma su valencia emocional.

Quiero ponerte un ejemplo concreto. El día 3 de julio de 2022 murió mi querida abuela Mari. Ambas cumplíamos años el mismo día. Yo tenía una relación especial con ella, muy especial. A continuación te dejo lo que le escribí tras su muerte:

Hace escasamente 24 horas que nos has dejado.

♀☐ Es ley de vida, o no.
♀☐ Es la progresión natural de una enfermedad, o no.
♀☐ Es un momento que esperábamos, o no.

Sea como fuere, tú ya no estás.

☹ Nunca más voy a poder oír tu risa.
☹ Nunca más voy a poder oír tu queja.
☹ Nunca más voy a poder abrazarte.
☹ Nunca más voy a poder recibir un beso tuyo.
☹ Nunca más voy a poder compartir contigo mi vida y que por un momento se hacía nuestra vida...

Nunca más...

O no:

♥☐ Tu ausencia genera un vacío que solo la fe que tú iniciaste, como semilla de mostaza en nuestros padres y que ahora en tus nietos y biznietos da fruto en abundancia, llena y colma nuestras ansias de cercanía y humanidad.

Miro al cielo, recojo mi corazón y con ternura y devoción digo: «Querido Padre, creo que estás ahí, que me ves, que me oyes y que me quieres, te agradezco haberme regalado a mi abuela Mari durante todos los días de mi vida hasta ahora; por todo lo que he aprendido de ella, a amarte, a amar la vida y a saber entregar la vida hasta el final, a abrazar la cruz».

Gracias, abuela, no caben aquí las palabras de agradecimiento que llevan a plenitud mi amor por ti.

MARTA

Quizá te preguntes, querido lector, qué es lo que ha pasado aquí. ¿Es que mi abuela no me importaba? ¿Es que su muerte no me ha causado un dolor inmenso en el corazón? Pues sí, yo amaba y amo a mi abuela, y me duele mucho su pérdida. Ahora bien, la atribución causal que yo he hecho a su muerte, el *locus* de control no dependía de mí, yo estuve con ella todo el tiempo que pude, y aunque me hubiera gustado estar al final, cogiéndole la mano en esa noche que murió, no dependió de mí no haber estado. Además, atribuyo su muerte a causas estables como son la vejez y la enfermedad, y todo esto dota de explicación su muerte, pero no la dota de sentido. No le da significado, porque ese significado se lo atribuyo yo; es un significado de entrega, de amor, de haber sabido vivir hasta el final, de amar la vida y de dejarse amar, y de honrar el legado que mi abuela nos dejó: una familia, el amor a uno mismo, a la vida y a Dios. Por eso la muerte de mi abuela fue gozosa, serena y en paz, y me facilita aprender a relacionarme con mi abuela desde otro plano, que es lo que ha cambiado principalmente: el plano relacional con mi abuela. Y esto, querido lector, se llama trascendencia.

Si yo no hubiera hecho estas atribuciones, podría sentirme culpable por no haberme despedido, por no haberla llevado al médico, o tal vez indefensa por la parte repentina, inesperada e intrusiva de la muerte, o confundida porque todavía no era tan mayor. Hay muchas personas más mayores que ella que todavía viven... Depende del *locus* de control, de la atribución de las causas y de la obtención de éxito o fracaso que yo me emocione y me signifique de una manera u otra, y no solo para esta ocasión, sino para las que estén por venir.

¿Entiendes ahora la importancia de las atribuciones para dotar de sentido o significado a lo que nos sucede en la vida?,

¿de cómo esos significados nos invitan a resignificar la relación con nosotros mismos y con los demás?

¿Cuántas veces somos capaces de dotar de sentido una situación traumática, estresante (una enfermedad, una bancarrota o una desgracia natural), de trascender a ese sufrimiento y crecer personalmente? Las redes sociales están llenas de historias de superación de personas que, ante el sufrimiento, supieron reflexionar y darle un significado distinto, y crecieron personalmente, adquiriendo la comúnmente llamada «resiliencia», que no es otra cosa que plantearse abordar la realidad desde un prisma diferente después de resignificarla, permitiéndonos pasar del inmovilismo inicial a ser protagonistas de nuestra vida, aunque no esté exenta de sufrimiento. La resiliencia se desarrolla atravesando momentos de dificultad, y favorecen su desarrollo la atención y el cuidado que hayamos recibido en la infancia o a lo largo de nuestra vida, así como el autoconocimiento y la confianza que otras personas tengan en nosotros, y nuestra participación de forma activa en la vida familiar, en la sociedad y en el mundo que nos rodea.

La autotelia es la capacidad de depender muy poco del mundo que nos rodea. Para lograrla se requiere un gran conocimiento de uno mismo, de cuáles son nuestros intereses, gustos, capacidades, talentos y motivaciones intrínsecas que nos mueven a actuar. La autotelia es un signo de crecimiento personal porque conlleva ser capaz de ser uno mismo y fluir en las circunstancias vitales del momento. Mihály Csíkszentmihályi decía que

> una persona autotélica necesita pocas posesiones materiales y poco entretenimiento, poder o fama, porque ya está satisfecha con lo que hace. Es capaz de involucrarse plenamente

en lo que hace porque está completamente inmersa en la corriente de la vida.

Es decir, la santa indiferencia de la que habla san Ignacio. Se siente verdaderamente libre para ser y actuar ya que nada le ata, constriñe o esclaviza, y puede darse a otro, haciendo del encuentro un fin en sí mismo, sin ninguna otra pretensión. Cuando esto pasa entramos en un estado en el que realizar algo ya produce una satisfacción intrínseca sin otras pretensiones. Ese estado se denomina «fluir». Para fluir no es preciso ser virtuoso en una tarea concreta, sino que esta nos reporte tal satisfacción personal que la persona fluya a pesar del esfuerzo que supone realizarla, siendo esta la mayor de las recompensas. Y para fluir debemos tener claros varios puntos, aunque por ahora solo nos detendremos en que a través del autoconocimiento podremos desarrollar la capacidad de resiliencia que nos permitirá fluir en el recuerdo del trauma (más adelante hablaremos de los elementos necesarios para fluir).

Por eso —retomando el tema— no volvamos a caer en la falacia de que todo es cuestión de voluntad. Es verdad que la voluntad y/o el temperamento de la persona son factores potenciadores de la resiliencia. Pero también el autoconocimiento, los significados personales y culturales que se le atribuyen al sufrimiento y el apoyo social con el que cuenta esa persona. Por eso son tan necesarias las relaciones de ayuda, de *counselling*, de acompañamiento en momentos de dificultad, porque con el encuentro con el otro tenemos mayores posibilidades de conocer el significado que le atribuimos a lo que estamos viviendo y de poder resignificarlo, si es lo que queremos, y así poder fluir en nuestra vida.

Estas relaciones de ayuda son el germen de una vida con

sentido. Y para acompañar a una persona a encontrar el sentido de su vida, se puede empezar por descubrir su mundo emocional, no negarlo ni minimizarlo, solo explorarlo y conocerlo. Pero, ¡ay!, qué difícil es esto de la empatía... que, como vimos en el capítulo anterior, es el pilar fundamental de una relación de ayuda. (Si no lo recuerdas, no pasa nada, vuelve al principio, porque merece la pena).

Como dice mi querido @Pabloarribas, «quitarle un trocito de sufrimiento a la existencia es quitarle un trocito de vida», porque vivir entraña amor y el amor implica ser capaz de dolerse por otro, en otro y para otro.

A propósito de esto, recuerdo que no hace mucho Carmen Osorio me preguntaba: «¿Dónde está la verdadera felicidad?» (una emoción importante), y yo le decía que si normalmente se habla de salud, dinero y amor para ser felices, yo me quedaba solo con el amor, que equivaldría a encontrar ese sentido a la propia vida. El amor es el antídoto al sufrimiento sin sentido. El amor es el que dota de luz y sentido al sufrimiento.

El amor es profundo, no limita ni niega, no juzga ni recrimina. El amor abre puertas y limpia corazones. El amor llena de confianza y comprensión el encuentro. Del amor deriva el apego. Pero, más allá del apego, cada vez que negamos las emociones del otro, ya sea a un niño o a un adulto, el mensaje que le estamos dando es: «Lo que tú percibes no es cierto, no te fíes de ti, de tus percepciones, porque estás errado». O, por el contrario, a través del amor les podemos dar confianza escuchándoles, mostrándoles que sus percepciones son acogidas, comprendidas, y podemos devolvérselas para clarificar sus atribuciones, para que puedan reflexionar sobre ellas, y que tanto ellos como el mundo que les rodea sean confiables, donde existe la incertidumbre, sí, pero merece la pena asumirla porque detrás de todo está el amor. El amor a uno mismo, el amor al otro, el amor a los demás.

Después de haber hablado del amor, tenemos el corazón preparado para pasar a hablar de la tristeza. Es una emoción necesaria porque nos ayuda a la introspección y a la reintegración personal; es decir, a volver a montar nuestro puzle sin esa pieza que nos falta, a tomarnos un tiempo para mirarnos por dentro y recolocarnos tras la pérdida. Lo que pasa es que es una emoción que nos agota, nos hunde, y tenemos que tirar de ella durante el día, por eso es una emoción más pesada que la culpa, y por eso nos cuesta más darle entrada en nuestra vida.

La función de la tristeza requiere tiempo y energía. Muchas veces no estamos en disposición de realizar ese trabajo, o por lo menos de trabajarlo solos. Un ejemplo de esto son los grupos de duelo que acompañan a personas que han sufrido una pérdida.

Podemos hablar también de la ira, una emoción que a primera vista nos hace poca gracia; de hecho, muy pocas personas se atreverían a decir que han sido presas de un ataque de ira. La ira no empieza por sí sola, sino que lo hace primero a través de una irritación, luego una molestia, después un enfado, a continuación un cabreo y finalmente deviene el salto a la ira. Aunque pueden darse otras muchas emociones en esta transición, vamos a centrarnos en las indicadas y en qué le pasa a una persona cuando desde la irritación da el salto a la ira. Y lo que le pasa es que no ha aprendido a ser asertivo, porque en la ira juega un papel fundamental la asertividad. La asertividad es ser capaz de exponer nuestras emociones, necesidades, valores o límites de manera empática y respetuosa con el otro. La asertividad se pone en juego en momentos de conflicto personal, por eso a veces se confunde erróneamente con una persona que responde de manera borde, cortante, tajante, casi de manera iracunda.

Una persona que no es asertiva puede ser una persona que sea pasivo-agresiva, es decir, la que va aguantando y aguantando y aguantando todo lo que pasa en su día a día y que le irrita, le molesta o le enfada, pero que con resignación y padecimiento lo va soportando. Hasta que de repente se da un evento pequeño, casi sin importancia (por ejemplo, se vuelca un vaso de leche y se mancha la camisa), que la desestabiliza, y entonces explota y arremete contra todo y contra todos, sin dejar títere con cabeza. Después de esta explosión de ira pueden pasar varias cosas: que nadie llegue a entender por qué ha perdido los papeles por un hecho tan nimio (por lo tanto, la incomprensión va de la mano); que los demás se pongan a la defensiva y contraataquen, y entonces eso se convierta en una batalla campal, o bien que la persona que ha estallado se sienta culpable porque con su comportamiento ha herido a otras personas a su alrededor, de modo que no ser asertivo trae consigo la frustración, la incomprensión y el desamparo, entre otras emociones.

La otra situación que podría darse es la de una persona que directamente explota en cada situación. Aquí en España se diría que es de mecha corta o que tiene la piel muy fina, y tal vez sería esa persona que se siente muy vulnerable ante los demás y eso la lleva a sentirse insegura y a defenderse, a autoprotegerse constantemente del mundo que la rodea por miedo a que alguien descubra su vulnerabilidad.

Por lo tanto, si en el momento en el que nos sentimos molestos o irritados somos capaces, haciendo uso de la asertividad, de comunicar lo que nos ocurre a nuestro interlocutor, tendremos más posibilidades de no degenerar en un ataque de ira. ¿Y cómo se hace esto?, te preguntarás. Pues lo veremos en el siguiente apartado.

Lo que te propongo ahora es empezar a conocer cuál es la curva de activación de la ira. En primer lugar, para que te conozcas y la reconozcas dentro de ti, y en segundo lugar, para que tengas algunas pautas para acompañar a alguien que esté en ese estado.

Según Marisa Magaña, en su *«Modelo humanizar» de intervención en duelo*, afirma que hay seis fases:

1. Fase racional: la mayor parte de las personas suelen ser razonables durante bastante tiempo y mantienen su enfado a raya, solo que, de repente, se produce un detonante que da lugar al pistoletazo de salida. De hecho, ella la llama «fase de disparo» o «de salida».
2. Fase de disparo: la persona da rienda suelta a sus emociones, y puede llegar a ser grosera y hostil. En esta segunda fase no puede razonar porque, como ya hemos dicho, la persona está secuestrada por esa emoción, su corteza prefrontal está invadida de cortisol, y por lo tanto solo cabe escucharla y permanecer en esa situación, dejándole espacio para que pueda expresar su malestar, siempre desde la empatía y la escucha.
3. Fase de enlentecimiento: esa expresión de estar fuera de sí no puede durar toda la vida; así pues, esta tercera fase sería un descenso hacia ese nivel racional del que se parte.
4. Fase de afrontamiento: es ahora cuando se puede empezar a devolver a la otra persona, con empatía y respeto, herramientas que le ayuden a apaciguar esa ira, para que poco a poco vaya resurgiendo la calma.
5. Fase de enfriamiento: la persona empieza a calmarse, ya que se siente acogida y reconocida en su malestar.

6. Fase de solución de problemas: es cuando la persona ya vuelve a su estado racional y podemos empezar a abordar la solución del problema.

Resulta mucho más perjudicial intentar negar, ocultar, minusvalorar o ignorar una emoción, y lo es por igual para el que la siente como para el que la vive de manera pasiva por encontrarse cerca de este.

Te propongo que, por un momento, cierres los ojos y pienses en una situación que te causa un conflicto interior. ¿Qué emoción te suscita? Siéntela en lo más profundo de tu corazón y a continuación imagina que estás con ese malestar. Yo, que estoy a tu lado, empiezo a rechazar tu emoción y te digo que «no es para tanto», «tú no puedes ponerte así», «tendrías que calmarte, estás haciendo el ridículo», «estas son cosas que pasan», «no deberías darle tanta importancia, lo estás exagerando», «lo de Cristina sí es un problema y no lo que te ha pasado a ti», etc. ¿Cómo te sientes con mis distintas reacciones? ¿Te sientes acogido en tu malestar o, por el contrario, lo único que hacen es aumentar tu malestar y sumirte en una profunda soledad?

Pues bien, esto es lo que pasa cuando uno no empatiza con las emociones de los demás.

Por el contrario, puedo dejarte vivir esa emoción y acompañarte en ella; seguro que el sentimiento de soledad ya no aparece y el malestar disminuye porque hay alguien contigo. Para hacer esto no tengo por qué estar de acuerdo con la emoción que tú estás sintiendo. Simplemente, movida por el amor y por el respeto que te tengo, soy capaz de acompañarte en tu dificultad y decirte: «Esta situación no te la esperabas y te está haciendo sufrir», y así demostrarte que quiero conectar contigo y que no estás solo (más adelante profundizaremos en la empatía).

Ahora pasemos a hablar de la sorpresa por ser otra emoción básica. La sorpresa tiene cierta peculiaridad, pues no sabemos si responde a un estímulo positivo o placentero, o bien a un estímulo negativo o displacentero, hasta que no exploramos qué acción ha predispuesto a la sorpresa. Hay personas a las que, por muchos motivos, esta emoción les resulta desagradable, independientemente de que responda a un estímulo placentero o displacentero. Que, por su historia personal, por su autoconocimiento, tienen una concepción negativa de las situaciones que la generan; en definitiva, los eventos sorpresivos no les agradan.

Esto daría lugar a un capítulo entero del libro, pero en mi opinión el abordaje no puede ser desde la generalidad, sino que, para ser justa, me gustaría hacerlo desde la individualidad de cada una de las personas que sienten ese displacer ante un hecho sorpresivo. Podría ser por falta de autoconfianza ante un nuevo entorno no previsto, por falta de control de la situación y por empezar a sentir miedo ante la novedad, por considerarse incapaz de gestionar las nuevas situaciones o, incluso, porque todo esto se traduzca en sentir vergüenza o rechazo hacia sí mismo, o por un exceso de perfeccionismo. Como la casuística es muy variable, te invito a que reflexiones sobre la sorpresa y cómo te sientes con ella.

Y, por último, hablemos del miedo. Al principio del libro ya comentamos que, aunque sea natural o común vivir con miedo, pues muchas personas en el siglo XXI viven bajo su yugo, no es ni humano ni deseable. ¡Hemos sido creados para vivir en confianza!

El miedo nos predispone a la huida o a la autoprotección, y normalmente se da porque la situación nos es desconocida. El miedo más típico es el que tienen algunos niños pequeños a la oscuridad, y nos puede servir para ilustrar lo que pasa en el miedo en general. Esa falta de «luz» nos deja sin información sobre lo que hay delante de nosotros. Pero ¿qué hacen entonces los ciegos ante la oscuridad? La información que no reciben a través del sentido de la vista intentan obtenerla a través de los otros sentidos: el olfato, el gusto, el oído... Esto pasa en muchas situaciones que nos dan miedo, cuando nos falta información y hablamos de ellas de manera muy genérica. Como todas las emociones, una manera espléndida de que exista una coherencia entre lo que siento y la realidad es concretar el hecho que me atemoriza. No es lo mismo que diga «me da miedo ir al hospital» a que diga «me da miedo el pinchazo de la aguja». No es lo mismo que diga «me da miedo fracasar en la vida» a decir «me da miedo que este proyecto en el cual he puesto muchas ganas, mucha ilusión y mucho trabajo no salga adelante». Hablar de lo concreto nos ayuda también a concretar las emociones. El miedo te hace fijar la mirada en el sujeto/objeto que lo provoca, hace que te cierres a la vida por miedo, te encierra en él y no te deja respirar; por eso muchas veces va acompañado de la angustia, el desasosiego y la desconfianza.

Y para terminar con el miedo, ten presente que, como el resto de las emociones, se contagia, tal como lo veremos más detenidamente en «Las emociones no deciden por ti. Es un hecho».

Por último, me gustaría hablar de dos trastornos relacionados con las emociones para que seas consciente de que existen y que los identifiques por si tal vez los estuvieras experimentando.

El primero de ellos es la alexitimia, que es la incapacidad para reconocer y expresar las emociones. Puede producirse o bien por aprendizaje, o bien por un traumatismo cerebral. El aprendizaje es relativamente sencillo: una persona, ante un sufrimiento exagerado, puede bloquear la percepción emocional, lo cual también puede afectarle a la hora de expresar sus propias emociones. A veces, por supervivencia, una persona bloquea de alguna manera su percepción emocional, ya sea porque le han enseñado que no es bueno, que eso le hace vulnerable, o porque percibe tanto sufrimiento que se siente incapaz de procesarlo.

El segundo es la prosopagnosia, que consiste en la dificultad de reconocer rostros de personas conocidas y/o la capacidad para procesar expresiones faciales. En el libro *El hombre que confundió a su mujer con un sombrero*, Oliver Sacks narra la historia de un profesor que fue perdiendo su capacidad para reconocer los rostros de las personas y desarrolla otro tipo de estrategias, como prestar atención al lenguaje no verbal, para identificarlas. Del lenguaje no verbal hablaremos en el capítulo 4.

¿Tienes que controlarlas, obviarlas, ensalzarlas o regularlas? ¿Qué coño hago con ellas?

Ya hemos visto bastantes cosas sobre las emociones, y hemos concluido que vienen para quedarse, es decir, que si no les hacemos caso, no se van a ir, incluso pueden cambiar unas por otras. ¿Cuántas veces una molestia se ha convertido en una irritación, en una tristeza o en una rabia? A las emociones no se las puede ignorar.

Somos animales emocionales que razonamos, así que cuando Descartes dijo: «Pienso, luego existo», se olvidó de una parte de nosotros, que es que tenemos emociones, y como ya sabemos, muchas veces nos dan información valiosa de interés real y cuestionan nuestra capacidad adaptativa para afrontar la situación.

¿Qué es lo que pasa, entonces? Pues lo que pasa es que no hemos aprendido a convivir con ellas, y esto hace que muchas veces nos sintamos incómodos cuando no hay una «razón aparente» para, por ejemplo, sentirnos tristes y, sin embargo, nos sentimos así.

Y es que detrás de cada una de nuestras emociones hay mucha información sobre nosotros, así que lo verdaderamente inteligente sería profundizar en esa información que a primera vista no se nos revela. Por eso muchas veces necesitamos de alguien más que nos ayude a descubrirnos.

Voy a ponerte un ejemplo. A mi consulta vino una vez un señor doliéndose de la relación con su mujer. Se sentía juzgado por ella, notaba que ella no le amaba y decía que le recriminaba constantemente las cosas: que no sabía hacer nada a derechas, que no era suficiente marido para ella... Él tenía la sensación de que no hacía nada bien y, en cambio, para él ella era perfecta.

Hablando con Antonio descubrimos que su madre le hablaba de manera muy similar a como lo hacía su mujer, y sin embargo Antonio mostraba dos actitudes diferentes. Por un lado, con su madre se mostraba resignado, había dado por perdida la relación madre e hijo como él la deseaba y soñaba; se conformaba con lo que ella le daba actualmente porque Antonio tenía muy claro que él era una persona valiosa, aunque su madre no se lo dijera, que él era digno de amor, aunque su madre no se lo diera, y que él merecía la pena, aunque para su madre no mereciera ni pena ni tampoco alegría. En cambio, con su mujer era distinto; aunque ella le trataba de manera muy similar a su madre, con su mujer se sentía juzgado, ninguneado, menospreciado y criticado. ¿A qué se debía esa diferencia? Después de mucho hablar con Antonio, llegó a la conclusión de que reaccionaba de manera distinta porque él no quería tirar la toalla en la relación con su mujer, porque la amaba tanto que todavía tenía esperanza de poder gestionar esa situación de una manera que a él le hiciera crecer y que a ella le permitiera el cambio.

Sus propias emociones le estaban dando información sobre como él significaba y atribuía la relación con su madre y con su mujer, y nos permitieron estudiar este significado para poder trabajar la relación con su esposa y cambiarla. Fue un proceso bellísimo el que hizo Antonio y que permitió que su mujer también cambiara.

Con este ejemplo quiero decir que la regulación emocional no pasa ni por controlar ni por constreñir ni por ignorar ni por cambiar las propias emociones. Pasa por aprender de ellas, saber qué información me están dando sobre mí y el significado que le doy a lo que está sucediendo, y con toda esta información, decidir actuar en consecuencia y coherencia con lo que he aprendido y con lo que soy, mis propios valores y principios.

Cuando se habla de regulación emocional, muchas veces se proponen herramientas que para mí son necesarias para bajar la reactividad emocional. En esta vida en la que andamos corriendo, sin tiempo para pararnos en nada, con muchísimos estímulos, mucha exigencia personal y social, y cierta fragmentación entre lo que soy y lo que muestro, en una sociedad fluida, donde es difícil identificar los valores que la vertebran, nos encontramos con una sobreactivación emocional. Parece que tenemos las emociones a flor de piel y que a la mínima se activa el cortisol del que tanto habla Marian Rojas Estapé.

Este grado de activación emocional nos influye a la hora de pararnos a reflexionar sobre la emoción y sobre la información que nos está dando y su significado, y aquí es donde yo veo necesarias las herramientas que normalmente se proponen para la regulación emocional. Lo que hacen es permitir que baje ese grado de activación emocional y que andemos más calmados y serenos por la vida, para poder abordar esa reflexión de humanidad que hay detrás de cada emoción.

Estas herramientas son la respiración, la meditación, la oración, el *mindfulness* y hacer ejercicio físico, y en menor grado, llevar unos hábitos de vida saludables (comer de manera equilibrada, no demonizando ningún alimento, sino estableciendo una relación sana con la comida), la socialización y dejar tiempo para dedicarnos en exclusividad.

En consecuencia, tan erróneo es aplicar el paradigma descartiano de «pienso, luego existo» como el otro extremo de «si no lo siento, no existe».

Otra manera que a mí me resulta muy eficaz para regular las emociones es a través del agradecimiento. Es verdad, y así está demostrado, que el agradecimiento eleva el espíritu, calma la ansiedad y mejora el estado de ánimo, nuestras relaciones sociales, la relación con nosotros mismos y, por supuesto, la salud.

Así que te propongo que, cada vez que puedas, agradezcas y verás cómo te quedarás corto.

Sé que tal vez estás viviendo un momento complicado, una situación compleja, un montón de emociones que se agolpan frente a ti. Lo sé. El panorama es incierto, la sociedad está como está y estamos viviendo una crisis social, económica y personal sin precedentes. Pero frente a esto ¡de poco te va a servir la resignación! Como decía Honoré de Balzac: «La resignación es un suicidio cotidiano», pues no hay nada que pese más que vivir el presente desde la resignación, desde el pesar, tirando o aguantando. ¡Esta no es una forma de vivir! ¡No estamos llamados a vivir así! Nuestra mirada condiciona cómo vivimos lo que nos sucede alrededor. Si yo miro mi realidad tras un velo de pesar, es muy probable que todo lo vea en tonos grises, aunque la realidad esté llena de colores.

El agradecimiento nace de lo más profundo del corazón. Podemos usar nuestro sistema reticular ascendente para discriminar, de toda la información que recibimos diariamente, cuál es la que nos ayuda a sostenernos, la que aporta a nuestra vida, la que encaja con nuestros valores. Como ya he referido, está demostrado que en el día a día no vivimos más situaciones displacenteras que placenteras, así que en cierto modo en nuestra mano está abrir las puertas del corazón y agradecer.

Te propongo que empieces a agradecer lo pequeño, lo insignificante, esas miles de cosas que si no existieran, la vida carecería de sentido. Por ejemplo, una mirada, un abrazo, una llamada a tiempo, un perdón de corazón, un beso, una caricia, un «no» dicho con cariño y respeto, un sufrimiento que nos ha llevado al crecimiento. Incluso, como dice Maktub, «doy gracias por haberte conocido». ¡Qué belleza de corazón tiene la persona que deja ir a su ser amado y que es capaz de ensanchar su corazón y dar gracias por haberle conocido! En mi casa es un ejercicio que realizamos constantemente, ya sea para las cosas pequeñas (agradecer el dedo gordo del pie, tener uñas...), como para las grandes (habernos levantado por la mañana, poder respirar, estar rodeado de las personas que queremos).

A través del agradecimiento podemos llegar a apasionarnos de vivir o de trabajar, decía Luis Galindo en un libro que me leí hace un montón de años. «Cuando la pasión se une a la misión, disfrutas de tu trabajo porque haces lo que amas». Y Nietzsche afirmaba: «Quien tiene un porqué para vivir, encontrará siempre el cómo». Dice el *Diccionario de emociones y fenómenos afectivos*, de Rafael Bisquerra, que la pasión es la perturbación o afecto intenso; proviene del latín *passio*, que significa «sufrimiento que se padece de forma pasiva»; es decir, no se puede hacer nada por evitarlo. Aquí aparece una vez más la palabra «sufrimiento», de modo que podemos decir que si encuentras el sentido de tu vida y te apasionas de él, vivirás una vida a través del amor, y aunque no estará exenta de sufrimiento, ten por seguro que será una vida plena.

Si a ese «gracias» formal le pusiéramos la pasión del corazón, terminaríamos con el mero formalismo educacional y daríamos paso al encuentro personal. ¡Eso es vivir con pasión!

Las emociones también sirven para fijar información en nuestra cabeza. Hay emociones muy intensas que nos ayudan a recordar situaciones de peligro que pueden ser similares a las que ya hemos vivido, y esto favorece nuestra supervivencia. Bien es verdad que por esa asimetría hedónica de la que hemos hablado, las emociones negativas tienden a fijar de manera más incisiva y permanente las situaciones traumáticas de nuestro pasado.

Ahora me viene a la cabeza esa especie de aversión que tenemos a que nuestros infantes sufran algún tipo de trauma, que en cierto modo llego a comprender, pero no así el grado al que estamos llegando, donde los niños se nos están volviendo de cristal y no están desarrollando herramientas eficaces para afrontar una vida con sentido. Sabiendo que el amor y el sufrimiento van de la mano, será más sencillo desarrollar esas herramientas a pequeña escala que luego cuando se presenten problemas más grandes. Me explico. Un niño afronta problemas de niño, que no son ni más ni menos importantes que los de los adultos. Cada uno vive según su camino madurativo, pero si no les dejamos que vayan afrontando y subiendo etapas, llegarán a ser adultos con dificultades de afrontamiento, y escucharán frases del tipo «ya tienes edad para...». Pero ¿es que la edad es un indicativo de madurez? Ya sabéis que voy a paliativos y os podría decir que hay críos mucho más maduros que yo, que se enfrentan a la enfermedad con sus recursos de niños, lo que para mí es un Aprendizaje con mayúsculas, ¿o no?

Sobre el trauma tengo que contarte una buena noticia. El *Manual Diagnóstico y Estadístico de Trastornos Mentales* (DSM) introdujo en 1980 el trastorno por estrés postraumático, refiriéndose a experiencias extremas y únicas que por su propia naturaleza serían desbordantes y desestabilizadoras psicológicamente para cualquier ser humano. Pero ahí es donde empieza un poco el asunto, este manual introduce que de manera general todos reaccionamos igual ante el mismo hecho traumático. Nuestra reacción se caracteriza por la reexperimentación del suceso traumático, una evitación de estímulos internos y externos asociados al trauma, y por la hiperactividad exagerada. *A priori* puede parecer que es difícil vivir un hecho traumático y que es fácil desarrollar un trastorno de estrés postraumático, los datos indican que ni lo uno ni lo otro son ciertos.

Según un estudio realizado en 1995 por Kessler *et al.*, el porcentaje de prevalencia para vivir un hecho traumático en Estados Unidos es del 51,2 por ciento en el caso de las mujeres y del 60,7 por ciento en el de los hombres, y que solo un mínimo porcentaje (en Europa se estima que es del 1,9 por ciento) desarrolla estrés postraumático. ¡Una buena noticia, entonces! La mayoría de las personas somos capaces de generar respuestas adaptativas a sucesos traumáticos intensos sin desarrollar un trastorno por estrés postraumático, es decir, que ya de base sabemos gestionar nuestras propias emociones porque contamos con muchas herramientas, aunque no sepamos que están ahí. ¿Sientes el alivio?

El trauma es el pánico al recuerdo, es la aversión a volver a pasar por el corazón una vivencia concreta. Y aunque no tengamos grandes traumas en nuestra vida, sí podremos identificar los pequeños, con los que merezca la pena trabajar. Todos, con mayor o menor intensidad, hemos sufrido o sufriremos algún evento que superará nuestra capacidad de gestión.

Seguramente conoces o has hecho uso de alguna herramienta para gestionar ese trauma. Boris Cyrulnik nos habla de ello y de cómo el primer impacto del trauma no es el definitivo; el definitivo es cuando la persona consigue hablar de ello y los demás juzgamos, rechazamos, minimizamos o no lo creemos; ahí es donde se asienta el hecho traumático. Lo que ocurre es que, con el paso de los años, enjuiciamos de manera autónoma; nos juzgamos y excusamos a los demás de manera racional anteponiendo su herida a la nuestra, con lo que cronificamos el trauma, muchas veces de manera inconsciente.

Si esto no te suena a chino, tal vez ha llegado el momento de pararte, de mirar atrás y recordar momentos muy difíciles, y después empezar a valorarte, a agradecerte la manera que tuviste de gestionarlo, y a reflexionar cómo lo quieres afrontar ahora, a dar significado a la fortaleza que demostraste. Tal vez no puedas hacerlo solo, pero es que nadie ha dicho que debas hacerlo así.

Para resumir, ten claro lo siguiente: conoce tu grado de activación emocional, intenta disminuirlo, aprende a agradecer y ten confianza en ti, ya que, aunque no seas consciente de ello, tienes muchas más capacidades de afrontamiento de esa dificultad de las que pensabas. Si eso es lo que dicen los estudios, ¿por qué no vamos a creérnoslo?

Las emociones no deciden por ti. Es un hecho

Muchas veces tendemos a echarle la culpa al otro de nuestras propias emociones. Cuando pasa esto, cuando son emociones incómodas, me enfado porque «tú me haces enfadar», incluso les faltamos al respeto: «Si no lo entiendes es porque no eres capaz, no porque yo no me esté explicando». A veces, como no nos sentimos bien y el problema no parece que sea para tanto, traemos del pasado todo lo «olvidado» para resaltar nuestro enfado: «Y no solo es esto lo que me has hecho, sino que el otro día me hiciste no sé qué, y ayer tal cosa». En este punto es bueno recordar que las emociones están para algo, sirven para algo. Si sientes ira y no te parece que la situación necesite esta emoción, pregúntate: «¿Y esto por qué?». Tal vez sea soledad profunda que no has sabido expresar, o tristeza. Si una emoción no se corresponde con lo sucedido, no le eches la culpa al otro; primero, mira un poco dentro de ti e intenta descubrir cuál es el sentido de esa emoción.

Lo que ocurre con bastante frecuencia es que no nos permitimos sentir esas emociones porque es muy incómodo, así que saltamos a la razón para justificar que verdaderamente tenemos motivos de peso para sentir lo que sentimos. Voy a ponerte un ejemplo: imagínate que yo no puedo traer a mis padres con cierta frecuencia a mi casa porque viven en el extranjero. Como hija, les echo mucho de menos, extraño sus abrazos, compartir tiempo juntos, que mis hijos creen lazos con sus abuelos. Sin embargo, da la casualidad de que mis suegros viven en el piso de enfrente, por lo que el trato con ellos es casi diario. Esto al principio no me molesta, me alegro por mi marido, que tiene la oportunidad de ver a sus padres diariamente, pero con el tiempo he empezado a percibir que mis hijos quieren más a mis suegros que a mis padres, ¡cómo no los van a querer más si los ven tan a menudo! Entonces empiezo un pequeño diálogo con mi marido en el que intento convencerle de que mis padres tienen que venir con más frecuencia a casa; es más, le reprocho incluso que a él no se le haya ocurrido invitarles con mayor frecuencia, algo que yo no he propuesto porque entiendo que supone un gasto para la familia, y porque sacrifico mi deseo al bienestar familiar. Sin embargo, veo que él no hace lo mismo, ya que no solo vamos a comer a casa de sus padres todos los domingos, sino que además él saca tiempo entre semana para ir al gimnasio, incluso quedar cada cierto tiempo con un amigo, y en cambio yo sacrifico que vengan mis padres, y muchas veces entre semana me quedo porque los niños me necesitan. ¡Verdaderamente no puedo hacer otra cosa! Él se tendría que dar cuenta de que yo estoy dedicando muchos más esfuerzos y sacrificios al bienestar familiar, aun a costa de no ver a mis padres durante un largo tiempo.

En un primer momento podemos ver que yo estoy sufriendo mucho, que en principio he sido generosa respecto a lo de mis suegros, pero no puedo evitar compararlo con la relación que sueño y anhelo que mis hijos tengan con mis padres. Sé que no es posible porque ellos viven en otro país, pero eso no significa que no lo desee con todas mis fuerzas, así que empiezo a sentir emociones, como puede ser la envidia, la soledad e incluso la rabia. Luego lo razono y entiendo la situación con mis padres, pero, como te he dicho, mi corazón me dicta otra cosa. Esta falta de consonancia entre el corazón y la razón me mantiene en una batalla personal conmigo misma, y como veo que mi marido no se da cuenta, pues ya tengo el cóctel perfecto para echarle la culpa de mis emociones. Entonces empiezo a quejarme de que mis suegros están todo el día en casa, de que mis hijos solo hablan de sus abuelos paternos, de que todo lo celebramos con ellos... y aquí puedo esgrimir muchas razones para justificar mis comportamientos, todas ellas encaminadas a no sentir esas emociones. ¿Te suena esta historia?

Recuerda que pensamos («pienso que mis padres están lejos»), sentimos («me entristezco por ello y envidio la situación de mis suegros») y actuamos («actúo movida por esas emociones»).

Pues esto pasa constantemente cuando no nos permitimos sentir determinadas emociones y buscamos justificaciones racionales para no tener que hacerlo. Y ya has visto que el coste emocional para la pareja es muy alto: para empezar, porque yo no soy capaz de identificar claramente mis emociones; después, porque yo no me permito sentirlas, y, por lo tanto, no soy capaz de explicárselo al otro y darle la oportunidad de que me acompañe en este camino de sufrimiento. Como es más sencillo mirar el error en el otro, me resulta más fácil pensar que yo me estoy explicando perfectamente y que está más que justificado mi comportamiento hacia mis suegros, y entonces me freno a la hora de hacer una pequeña reflexión interior sobre cómo es mi relación con mis padres, cómo me gustaría que fuera, y hacer un duelo de todo ello, ya que esa relación idílica o soñada que yo deseo y necesito tener con ellos no va a ser exactamente como la he planeado. Una vez que me permita hacer el duelo, seré capaz de comenzar a establecer una nueva relación con mis padres adaptada a la realidad.

En estas situaciones donde el corazón y la razón parece que no están sincronizados pasa una cosa muy curiosa. Imaginemos un reloj cuya manilla de las horas corresponde a la razón y la manilla de los minutos, a las emociones. ¿Ves los distintos ritmos? En una hora la razón ha hecho un camino, mientras que las emociones han tenido oportunidad de pasar sesenta veces por el mismo punto; esto quiere decir que por muy razonable que sea una situación, vamos a pasar hasta sesenta veces por el mismo lugar emocional.

Un ejemplo claro es el caso del duelo, sobre todo el no autorizado. Estos duelos se dan en circunstancias razonablemente de mucho peso; por ejemplo, cuando una persona muy enferma fallece o una madre pierde a su bebé en el vientre. Incluso hay situaciones en la vida en las que salimos ganando, pero no por ello el corazón deja de resentirse (se «re-siente» porque vuelve a sentir una y otra vez emociones); por ejemplo, un cambio de trabajo por otro mejor remunerado puede implicar, asimismo, la pérdida de un entorno laboral que ya era muy favorable, o un cambio de colegio por marchar a otro país con mejores oportunidades educativas puede suponer tristeza en los niños por dejar atrás a sus amigos y la incertidumbre de si volverán a reencontrarse.

La vida está llena de duelos, necesarios, sí, pero no dejan de ser duelos. El hecho de sentirnos acompañados como sociedad, o dentro de nuestra familia, o dentro de nuestro círculo de amistad más cercano, nos facilita afrontar todo un cúmulo de emociones. La razón no disminuye el anhelo del corazón, por eso se trata, primero, de acompañarse a uno mismo y, después, al otro en la frustración del no tener y recorrer juntos el camino a la razón.

La frustración del no tener empieza en la más tierna infancia. Muchas veces hablamos de que hoy en día los niños no aceptan las frustraciones. Pero no solo ellos, pues hay muchísimos adultos que se frustran cuando no consiguen algo o pierden a alguien importante. Y cuando no les parece razonable esa frustración, llega el adulto de referencia y, quitándole hierro al asunto, dice cosas del estilo: «Claro, si lo dejas fuera de su sitio, es normal que lo pierdas», «Tendrías que haberlo afrontado con otra actitud», «Si hubieras pensado en positivo, habría salido bien», o bien: «Bueno, has perdido ese lápiz, pero tienes muchos otros», «No llores tanto que solo es un chupachups», «Hay muchísimos más peces en el mar, este no te convenía». Frases como estas no ayudan a que la otra persona sienta la frustración, ni tampoco a que experimente otras muchas emociones.

Una respuesta empática y respetuosa conecta nuestro cerebro emocional con el racional, y por lo tanto nos permite abrir la mirada; este es el principio que necesitamos para actuar en consecuencia y coherencia con nuestros valores.

De modo que para que las emociones no decidan por ti, conócelas; así sabrás a qué te predisponen y cuáles eres más propenso a sentir, y tendrás más claro adónde quieres llevar tu vida para que tus acciones, movidas por tus emociones, vayan encaminadas a ese objetivo.

En este punto debemos hablar del concepto de libertad, pues al tomar una decisión ponemos en juego nuestra libertad de decidir.

¿Qué entendemos por libertad? ¿Soy libre por no tener limitaciones o cargas que impiden que consiga mis fines? ¿Ser libre es ser auténtico, espontáneo para expresar con naturalidad mis propias emociones, de las que vale la pena dejarse llevar? ¿Ser libre es hacer lo que a uno le da la gana? ¿Ser libre es dominar las propias emociones para decidir lo que siento, librándome de influencias o presiones? ¿Ser libre es aprender a vivir las relaciones personales de forma independiente sin que supongamos una carga unos para otros? ¿Ser libre es la posibilidad de entrega personal, por muchas limitaciones que viva?

> La libertad no es solo elegir, sino la capacidad de aceptar lo que no se ha elegido.
>
> JACQUES PHILIPPE

¿Qué te sugiere esta frase? Hay cosas de menor importancia que no podemos elegir, como el color de ojos, y otras cosas mucho más importantes que tampoco podemos elegir, como la familia de la que venimos, padecer o no padecer una enfermedad o el fallecimiento de un ser querido. Tras esta reflexión me pregunto: ¿realmente podemos elegir los acontecimientos más importantes de nuestra vida, sobre todo los que tienen relación con el sufrimiento? Creo que esos acontecimientos no los podemos elegir. Sin embargo, como hemos visto, la libertad no solo es elegir, sino también la capacidad de aceptar y vivir lo que no se ha elegido, tal como veremos más claramente en el capítulo 3.

Miguel de Unamuno decía: «El que quiere todo lo que sucede, consigue que suceda cuanto quiere». Él lo llamaba la «omnipotencia de la resignación», aunque a mí me gusta llamarlo la «omnipotencia de la aceptación».

Hay un fenómeno más que comprobado en psicología llamado «sentirse bien-hacer el bien» (*feel good, do good*) que consiste en que la felicidad no solo hace feliz al que la vive, sino que además es difusiva, tiende a expandirse haciendo el bien hacia otros. ¡Cuanto más bien hacemos a los demás, más felices nos sentimos nosotros! Esto quiere decir que, haciendo uso de mi libertad, y a pesar de mis limitaciones y de las del otro, me entrego al otro, lo cual me hace entrar en un ciclo virtuoso de las emociones, porque esa entrega me hará más feliz y la felicidad del otro alimentará la mía.

La libertad implica mi capacidad para responder ante mis propios actos, de modo que libertad y responsabilidad son dos caras de una misma moneda (recordemos que la responsabilidad es la hija pequeña de la culpa, el hecho de decidir supone asumir el riesgo a equivocarme).

Las emociones juegan un papel importante a la hora de actuar en libertad porque, como hemos visto, si no somos conscientes de ellas, pueden jugar un papel decisivo y afectar drásticamente a nuestra vida. Para que esto no pase, podemos entrenar una actitud reflexiva ante la vida. El vértigo con el que nos movemos en ella no nos favorece, de modo que tanto la lectura como la escritura son el germen de esta actitud reflexiva. Varios estudios han establecido que una persona que es capaz de leer y de disfrutar con dicha lectura es una persona que a la larga no estará tan expuesta a la tiranía de sus deseos, no será tan inmediata, sino que será capaz de tomar distancia de las situaciones vitales que está viviendo para poder reflexionar sobre ellas, y lo mismo le ocurrirá a la persona que realiza ejercicios de escritura reflexiva.

¿Recuerdas los diarios que escribíamos de pequeños? Cuando yo era pequeña, hace unos treinta años, era muy común regalar un diario a los niños, donde escribían los sucesos que les pasaban en el día a día. ¿Te has parado a pensar las capacidades cognitivas que se ponen en juego a la hora de escribir lo sucedido? ¡Son muchas y muy beneficiosas! Para escribir se necesita la planeación, la redacción o textualización y la revisión, que son procesos cognitivos complejos que favorecen el desarrollo de esa actitud reflexiva.

De hecho, una práctica útil de autoconocimiento es escribir un diario, pues nos ayuda a enfocarnos en los hechos que han acontecido a lo largo del día, a no tener que rumiar nuestras propias ideas al estar solo en nuestra cabeza porque también las tenemos apuntadas en la agenda; nos ayuda a mirar la realidad desde otro foco y encontrar más detalles que en el momento en el que lo estábamos viviendo. De hecho, escribir tres cosas cada día por las que queremos agradecer es una práctica maravillosa que favorece el sentimiento de emociones positivas. Como dice Marian Rojas, «cuando notes que la emoción te envuelve y no puedes pensar con claridad, intenta tomar perspectiva y cambiar el foco de atención».

Pasemos a ver qué es eso del contagio emocional. ¿Es un mito o realmente las emociones se contagian? Lo que entendemos por contagio emocional es la transmisión directa de una emoción de una persona a otra, como dijo Elaine Hatfield en 1994. ¿Verdaderamente el contagio emocional existe? ¿Acaso nadie ha experimentado levantarse con el pie izquierdo una fría mañana de invierno y, al llegar a la oficina, parece que todo el mundo está enfadado, y cuando termina el día todo parece confirmar que mejor hubiera sido no habernos levantado?

El contagio emocional no es automático, depende básicamente de cinco factores:

1. La susceptibilidad de la persona.
2. Estar en relación con otros (lo que aumenta las posibilidades de contagio).
3. La expresividad del interlocutor.
4. Estar en una situación donde una emoción concreta es la apropiada (por ejemplo, sentir alegría ante el éxito profesional, sentir tristeza ante la pérdida de un ser querido).
5. La voluntad de dejarse contagiar.

En este último punto es donde vuelve a entrar en juego la libertad, porque para poner en juego esta libertad tenemos que ser conscientes de cuál es mi voluntad para dejarme contagiar de las emociones de otros. Es importante desarrollar una autonomía emocional que posibilite elegir entre dejarnos contagiar o no. Un signo de una alta inteligencia emocional es poder hacer esta elección. Por otro lado, el contagio emocional es bidireccional, es decir, igual que yo puedo sentirme contagiado por las emociones de otro, yo también puedo contagiar a otros con mis emociones. Entonces cabe hacernos la siguiente reflexión: si ya hemos visto que somos más felices si nos entregamos a los demás y, por otro lado, podemos contagiar esa felicidad en la entrega, ¿por qué no intentar contagiar esta felicidad en nuestro entorno? ¡Puede ser un maravilloso comienzo de un cambio de foco!

Alcanzar esta autonomía emocional nos protege de la manipulación emocional.

¿Conoces el síndrome de la rana hervida?

> Javi tenía una ranita como mascota. Era una ranita muy curiosa y divertida que constantemente se escapaba de su piscinita para ir a explorar otros mundos.
>
> Un día, explorando el baño, se encontró la bañera llena. «¡Qué suerte tengo!», dijo lanzándose al interior y empezó a chapotear loca de contenta. Otro día, estando la ranita en la cocina, vio una olla llena de agua en el fuego y saltó dentro de ella, pero como estaba preparada para hervir los espaguetis, el agua estaba muy caliente, así que la ranita, nada más tocar el agua, saltó impulsada por sus ancas fuera de la olla, por lo que su instinto de supervivencia la salvó de morir hervida.

> Sin embargo, esta rana era muy curiosa y no se dio por vencida con la olla, así que a la siguiente oportunidad que tuvo, volvió a intentarlo. La suerte quiso que la olla estaba recién puesta al fuego, así que la ranita empezó con su chapoteo. Poco a poco el agua fue calentándose, y como la temperatura subía gradualmente la ranita no notaba cambios bruscos y siguió adaptándose plácidamente a la situación. Para cuando quiso salir de la olla, ya fue demasiado tarde, y la ranita murió hervida.

Cuando los cambios se dan muy graduales en el tiempo y de manera persistente (sin olvidar las características propias de la ranita), constituyen el cóctel perfecto para que ocurra lo impensable.

Voy a ponerte un claro ejemplo de cómo haciendo uso del contagio emocional, en personas que no han desarrollado herramientas de inteligencia emocional y autoconocimiento, se puede llegar a persuadir para que un hecho imposible se vuelva posible.

¿Conoces la ventana de Overton?

Joseph P. Overton fue el exvicepresidente del Centro Mackinac, uno de los más prestigiosos centros de investigación de políticas públicas de Estados Unidos. Estableció esta teoría política que dice que el espacio donde se encuentra lo aceptable de una propuesta política para un votante es muy reducido, y que el político se tiene que mover en ella para ser aceptado y considerado; por lo tanto, el político pasa a ser seguidor de sus votantes más que líder (en el capítulo 5 hablaremos de nuevo del liderazgo).

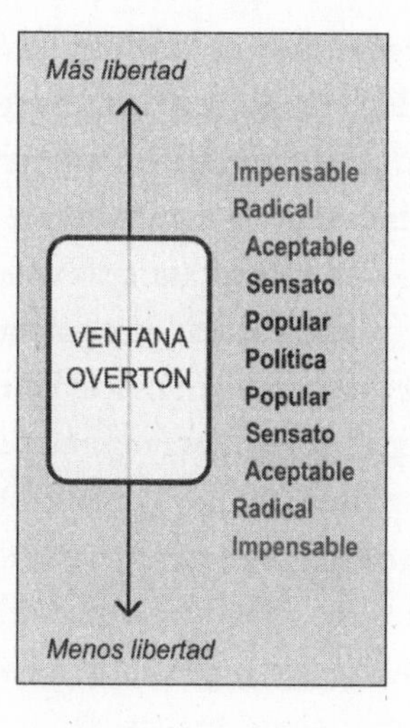

Esta ventana se puede modificar para conseguir que lo absurdo e impensable sea aceptado y defendido por todos a través de herramientas que basan su eficacia en la falta de regulación emocional de la persona, la falta de autoconocimiento de sus propios valores y límites personales y la falta de autoconfianza y asertividad. Sin embargo, esto no se consigue de la noche a la mañana, sino que va poco a poco, como le ocurría a la ranita dentro de la olla hirviendo.

En resumen, todo puede ser aceptado cuando se dan las condiciones propicias para ello, condiciones que, por otro lado, se pueden propiciar desde fuera.

Joshua Treviño propuso varias etapas, y yo las voy a explicar con un ejemplo: debe de ser más aceptado tener un animal que un hijo. Esta idea parece absurda, pero vamos a ver cómo se convierte en una realidad legislada:

1. Etapa 1: de lo impensable a lo radical. En esta fase, la idea impensable y absurda a la que la sociedad se opone frontalmente poco a poco empieza a recibir apoyos

por parte de estudios científicos (hablando de la superpoblación, de la responsabilidad del hombre en el cambio climático, del sufrimiento vicario de tener un hijo, de los beneficios de la compañía animal...) y empieza a hablarse de un tema que antes no era ni planteable.

2. Etapa 2: de lo radical a lo aceptable. Como ya se está hablando del tema, se lanza a la opinión pública, donde comienza a polemizarse gracias a los medios de comunicación, que normalizan poco a poco que se hable del tema. Además, en esta etapa se suele cambiar el nombre del tema tabú para que sea menos tabú y no hiera sensibilidades, y es sustituido por un eufemismo sin connotaciones negativas.

   Los telediarios, los periódicos y demás empiezan a hablar sobre lo nefasto que es el ser humano para el planeta, y se convierten en noticia nuestros comportamientos inhumanos que nos degradan más abajo de los animales, la crisis económica, el coste de la vida... Se cambia el concepto «odio a los niños» por el de «paidofobia» o por las siglas «VIA» (del inglés *very important animals*).

3. Etapa 3: de lo aceptable a lo sensato. Lo importante de esta etapa es que la nueva idea sea considerada razonable y sensata, apoyada mayoritariamente por los medios de comunicación, los cuales se encargan de señalar a los que aún se muestran contrarios a la misma.

   Se empieza a plantear la idea como parte del uso de la libertad individual, e incluso se plantea como dilema (o perro o hijo) y no como un problema con múltiples soluciones. ¿Por qué no se puede elegir entre un animal y un hijo?, ¿dónde está la libertad?

4. Etapa 4: de lo sensato a lo popular. La nueva idea se ha

ganado el corazón de su público, la sociedad se manifiesta abiertamente a favor de ella apoyada públicamente por famosos. Y a los que no la secundan se les tilda de «minorías».

   Los famosos e *influencers* empiezan a extender las bondades de su decisión, de lo emocionalmente bien que se sienten con sus animales; la propuesta está en boca de todos, y a quienes se les ocurre tener más de un hijo se les tacha de estar chapados a la antigua, de no tener televisión o de ser unos radicales egoístas y pensar en ellos antes que en sus hijos.

5. Etapa 5: de lo popular a lo político. Es la culminación de la manipulación, y aquello que empezó como imposible o impensable salta a la política y se pide su legislación, sin que esto suponga una merma en el número de votantes de dicho partido.

   Desde grupos populares se pide su legalización, ya que sus animales están siendo tratados como niños, pero todavía no tienen esos derechos, lo que consideran una injusticia...

Lamentablemente, esta historia puede no tener fin...

Este ejemplo puede parecerte absurdo, pero es la misma metodología que usó Adolf Hitler para llevar a cabo el exterminio de millones de personas; de hecho, fue su ministro de Propaganda Joseph Göbbels quien lo orquestó todo y quien dijo: «Una mentira repetida mil veces se convierte en una verdad». Si reflexionas un momento, seguro que eres capaz de encontrar más ejemplos. Por eso te pido prudencia a la hora de dejarte contagiar poco a poco... porque el precio es tu libertad. Conocer la sociedad, conocerte a ti y aprender herramientas de inteligencia emocional puede marcar la diferencia.

Por último, quiero contarte que las neurociencias han demostrado de forma inequívoca que el cerebro es un órgano diseñado para cambiar en respuesta a la experiencia o el aprendizaje; es lo que llaman «neuroplasticidad». La educación emocional cambia la mente y el comportamiento porque, literalmente, cambia el cerebro a lo largo de toda la vida, ¡y nunca es tarde si la dicha es buena!

Y según las últimas investigaciones, los procesos razonados, por sí solos, sin la ayuda de la emoción, no permitirían una adecuada toma de decisiones; de igual manera, la emoción sin la modulación de la razón sería algo primitivo.

Así pues, ¡¿a qué esperas para aprender inteligencia emocional?!

CUENTO ENFOCADO

En esto que había un joven monje llamado Miguel que andaba taciturno y meditabundo por las cosas del mundo. Estaba verdaderamente confuso, afligido y ansioso por cómo veía a las personas relacionándose entre ellas con violencia, con faltas de respeto. ¡El mundo estaba sufriendo mucho!, ¡había mucha enfermedad! Tenía miedo de que el monasterio sufriera fiebres o una epidemia no controlada, se angustiaba porque la comida ya era escasa, ¡ya no tenían en la mesa ricos manjares que comer hasta saciarse! Cierto es que no pasaban hambre, pero tampoco se saciaban, y esto le hacía pensar: «¿Llegará el momento en el que no tendremos que comer? ¿Algún día moriremos de hambre?». Y con todo esto se recriminaba a sí mismo por estar angustiado y taciturno ya que pensaba que no tenía derecho; al fin y al cabo, había personas que estaban peor que él, que al menos se sabía querido por Dios y amado, lo cual hacía que la angustia aumentara.

Así transcurrió todo el día. Incluso por la noche, donde las sombras son más alargadas, sentía la melancolía del paso del tiempo. La tristeza, el miedo, la frustración y la angustia aumentaban de intensidad, y cuanto más luchaba contra ellas, más abatido se sentía.

Resultó que al día siguiente se despertó en el cielo y se encontró cara a cara con Dios, quien, con mirada misericordiosa, le dijo:

—Buenos días, Miguel, ¡bienvenido!

Miguel, algo aturdido, pensó: «¿Qué hago yo aquí? ¡No es mi momento! ¡Me quedan tantas cosas por hacer!», así que le dijo a Dios:

—¿No sabes todo lo que está pasando en el mundo? ¿No ves cómo están allá abajo? ¿No ves las penurias, las injusticias, el dolor, el miedo, el hambre? ¿Por qué no haces nada? ¿Por qué no mandas a alguien a que haga algo?

Dios, con una mirada tierna, le contestó:

—Querido hijo, ¿recuerdas a qué dedicaste tu último día de vida? ¿De qué sirve que a cada uno os haga únicos e irrepetibles, que no haya dos personas iguales, que cada uno tenga una combinación única de dones, si luego el miedo, la ira, la angustia, la frustración, la ansiedad y la desconfianza os hace inmóviles y no os ponéis en juego?

¿Qué dones tienes?

¿Cuáles son tus valores? ¿Cómo los ordenarías?

¿Qué cosas te hacen único?

¿A qué grupos perteneces? ¿Cuál es el más importante para ti? ¿Cuál es tu papel en cada uno?

¿Cuáles son tus prioridades en esta vida? ¿Dedicas tu tiempo en proporción a tus prioridades?

¿Eres capaz de reconocer tu originalidad?, ¿y la de los demás? ¿Supone esto un valor para ti?

Ejercicio 1

A continuación, te propongo un ejercicio muy divertido para conocer tu grado de alfabetización emocional, o sea, para saber cuántas emociones conoces. Yo te doy la primera letra y te animo a que completes el término.

Vamos a ello.

Preocupación, abatimiento. Sentirse abrumado, impotente. Ansiedad o angustia
A ....
Desazón o sofocamiento producido por algo que ofende, molesta o avergüenza
B ....
Sospecha, inquietud y recelo de que la persona amada haya mudado o mude su cariño poniéndolo en otro
C ....
Afabilidad, bondad, docilidad. Palabra cariñosa, placentera. Suavidad, deleite
D ....
Sentimiento negativo por pensar que yo soy merecedor de lo que tiene o consigue otra persona. Deseo fuerte de poseer los bienes o talentos de otra persona; a veces implica desear que no los tenga ella
E ....
Estado de bienestar emocional. Satisfacción, plenitud, armonía. Vivencia y experiencia de emociones positivas. Ausencia de miedo
F ....

Sentimiento que nos induce a estimar el beneficio o favor que se nos ha hecho o ha querido hacer alguien, y tenemos una predisposición a corresponderle de alguna manera

G ....

Repugnancia o dificultad para creer algo

I ....

Viva alegría, especialmente la que se manifiesta con signos exteriores

J ....

Disposición del ánimo para trabajar, emprender, mejorar y realizar cosas nuevas

M ....

Inclinación del ánimo a percibir la realidad de una manera pesimista y poniendo atención en lo que puede resultar mal

N ....

Propensión por ver o esperar lo mejor. Disposición interna para valorar la realidad de la manera más positiva posible

O ....

Satisfacción, goce. Sensación agradable producida por la realización de algo que gusta o complace

P ....

Sosiego interior

Q ....

Ira, odio, enfado intenso hacia una persona o situación

R ....

Sensación de calor que experimenta el cuerpo por vergüenza o ridículo

S ....

Dulzura emocional. Sentimiento ante las personas, cosas o situaciones que se consideran merecedoras de un amor o un cariño puro y gratuito, por su dulzura, debilidad o delicadeza

T ....

«Yo soy porque nosotros somos», sentimiento de unión con el grupo de gran solidaridad (Sudáfrica)
U ....

Necesidad del alma no saciada, insatisfacción, incapacidad de ser feliz
V ....

Odio, repugnancia u hostilidad hacia los extranjeros
X ....

Inquietud, aflicción y congoja del ánimo, que no deja sosegar, ya sea por el riesgo que amenaza o por el mal que ya se padece
Z ....

Ejercicio 2

En este ejercicio te propongo buscar una situación que te parezca compleja y, a continuación, que te hagas las siguientes preguntas:

1. ¿Qué emoción estoy sintiendo? No es lo mismo estar asustado que estar aterrado, nervioso, atemorizado, tenso, estresado o inquieto.
2. ¿Qué le pasa a mi cuerpo cuando siento esto? ¿Cómo está mi corazón, mi respiración, el cuello, mi postura?
3. ¿Cuándo y en qué situaciones me siento así? ¿Hay más veces en las que me he sentido así? ¿Con alguna persona en particular o en algún momento en especial?
4. ¿Cómo suelo comportarme y actuar cuando siento alegría, tristeza, enfado...? ¿Lo expreso? ¿Lo reprimo?
5. ¿Actúo en conciencia en mi vida? ¿Decido ver más o menos?

6. ¿Lucho por la claridad o me conformo con la confusión?
7. ¿Vivo de manera consciente, semiiconsciente o inconsciente?
8. ¿Me quedo en la primera impresión de una situación, juzgo y actúo casi a la vez, o me paro, amplío, evalúo y dialogo?

También me gustaría que te preguntaras lo siguiente: ¿sé expresar mis emociones con facilidad?, ¿me cuesta emocionarme o, sin embargo, siento que tengo una labilidad emocional?, ¿cómo influyen mis emociones en el uso de mi libertad?, ¿en la toma de decisiones? y, por último, ¿qué emociones quiero contagiar yo a las personas que me rodean?

Piensa que la mayoría de los malentendidos se dan por juzgar y atribuir demasiado rápido los factores, por no informarnos, por dejarnos llevar (acción-reacción), y todo esto no suele traer de la mano ni emociones agradables ni soluciones eficaces.

Espero que este ejercicio te sirva para conocerte más a ti y a tus emociones.

Ejercicio 3

Divide una hoja por la mitad en sentido vertical.

En la mitad izquierda escribe tus valores y priorízalos por orden de importancia para ti.

En la mitad derecha escribe a qué actividades o personas dedicas tu tiempo en un día cualquiera.

¿Ves una correspondencia entre tus valores y el tiempo que dedicas a honrarlos?

3

DEL SENTIDO DE LA VIDA A TI

Del espejismo del éxito autoimpuesto a la revelación del sentido de tu vida

Aquí debo hablar de la diferencia que hay entre considerar la vida como un dilema (es decir, blanco o negro, sí o no, empiezo o no empiezo) y verla como un problema. Cuando uno empieza a ver las cosas como problemas, encuentra más soluciones, más variables que intervienen en su resolución, con lo cual es capaz de abordar la situación planteada de manera más creativa, precisa y adaptada.

San Ignacio de Loyola se planteó cómo se podría encontrar un propósito de vida o un sentido de vivir:

1. Dedicas tiempo a reflexionar sobre ese propósito de vida: ¿qué disfrutas haciendo?, ¿en qué eres bueno?, ¿qué necesitan los demás de ti?, ¿por qué te pagarían? Estas preguntas son las que nos facilitan buscar algo

más que el *ikigai* (la razón de vivir): unir el *ikigai* con cierta monetización del mismo.

2. Cierra los ojos e imagínate en el futuro, de aquí a veinte años. ¿Crees que te sentirás satisfecho con tus decisiones actuales? ¿Volverías a tomar las mismas decisiones?
3. Rodéate de las personas que más te conocen, su punto de vista es necesario para el proceso que estás llevando porque sabrán orientarte con cariño y respeto. Acéptalo como una carta más dentro de la partida de toma de decisiones que estás jugando. Y si eres de los que creen en Dios, por supuesto, habla con Él, pídele consejo y déjate guiar.
4. Las consecuencias son importantes y conviene que reflexiones sobre si van a ser buenas para ti, para los que te rodean, para tu familia y amigos.
5. Imagínate que alguien en tu misma situación y con las mismas vivencias te pide consejo. ¿Cómo lo abordarías?
6. Y ya, por último, imagínate que estás al final de tu vida. ¿Te ha hecho feliz la manera como la has gestionado? Y si no las tienes todas contigo, ¿qué cambiarías?

Estas pautas parecen sencillas, pero hay varias premisas a tener en cuenta:

1. Debes ser tú quien marque el tiempo para pensar en tu vida y en las decisiones que debes tomar. Si las circunstancias te apremian a tomar alguna determinación de cierto calado... cuidado, pues las prisas no son buenas consejeras, como tampoco lo son el agobio, la angustia o el miedo. Elige el mejor momento para pensar, y si

aun así hay muchas emociones que interfieren, pide ayuda a alguien que haga de espejo, de *counsellor*, y que te acompañe en ese camino.

2. Hay pocas decisiones que sean cien por cien definitivas, pues, aunque no es posible volver atrás, sí puedes aprender a vivir con ellas de manera sana y equilibrada. Y también es verdad que cuando se hace el plan A no se puede hacer el plan B, o por lo menos no los dos a la vez, porque no tienes el don de la ubicuidad.
3. Partir de la base de que puedes mirar la vida (y qué propósito tienes en ella), y el porqué estoy yo aquí, puedes mirarlo desde el prisma de un problema y no de un dilema. Esto te ayudará a no ver las cosas como blanco o negro, sino con multitud de alternativas.
4. Según Carls Rogers toda relación de ayuda tiene que establecerse sobre estas tres actitudes del ayudante: la empatía, la congruencia y el amor incondicional. Si tú eres quien te estás ayudando a recorrer este camino, vive estas tres actitudes hacia ti, es decir, que sepas ser empático contigo mismo, congruente y que te ames incondicionalmente.

A lo largo de mi vida me he dado cuenta de que las personas tendemos a tratarnos con bastante displicencia, con falta de perdón, con recriminaciones constantes, con juicios. Se dice en psicología que el mayor juez que tenemos somos nosotros mismos. ¿No te has parado a pensar cómo hablamos a un invitado y cómo nos hablamos a nosotros mismos? Pues yo propongo que para empezar una relación sana con uno mismo empecemos a aplicar la empatía, la congruencia y el amor incondicional en nuestro diálogo interior.

Creo que ha quedado claro que empatizar no significa

estar de acuerdo ni mucho menos aprobar o dar por bueno el acto realizado movido por una emoción; significa no juzgar y permitirnos sentir todo tipo de emociones sabiendo que nos están dando información sobre cómo estamos interpretando la realidad, lo cual nos va a ayudar a la reflexión posterior.

Por otro lado, ser congruente no es otra cosa que actuar movidos por nuestra originalidad, nuestro ser más profundo, con autenticidad. En un mundo donde lo que se busca de manera compulsiva es la conformidad con la sociedad, con el sistema laboral, «hemos desarrollado una habilidad excepcional para entrenar, engañar y volver cada vez más estúpidas a grandes cantidades de personas. Y así, al estar enajenados de nuestras claves internas más confiables para guiar nuestra vida de un modo íntegro, esta se caracteriza por un sentimiento continuo de inseguridad y la búsqueda de la aprobación y la valoración en los demás», según Sidney Jourard (1980). La congruencia es valorar la verdad de lo que soy, y actuar y vivir en consecuencia. Se basa en rechazar ese perfeccionismo patológico del ser ideal y volver al ser real.

El ser ideal es aquel que nos viene dado, normalmente por la sociedad que nos rodea, por el aprendizaje de otros y por nuestra mejor manera de «con-formarnos» con lo que los demás valoran de nosotros. El ser ideal es inalcanzable, porque cuando estás a punto de llegar a él siempre hay alguien que lo ha hecho mejor, distinto o de un modo más eficaz que tú; incluso si no hay persona física, tu ser ideal te recordará que todavía te queda camino para alcanzarle, y seguirás viviendo esclavo de ese ideal.

Esto ocurre cuando no percibimos el amor por ser, ese «estoy aquí para ti», no tenemos cimentada esa *autoestima de significado* que dice «solo tu ser me basta» y que se construye sobre tardes de juegos compartidos, o de lecturas, o de cafés en un bar con alguien que no necesita nada de ti más que tu sola presencia, que es lo que colma la relación. Tal vez ocurre porque hemos construido una autoestima de eficacia (tanto vales como tanto aportes o éxitos consigas) o una autoestima afectiva donde lo que me haces sentir es lo que me une a ti, y el día que no me guste o no necesite lo que me haces sentir, podré prescindir de ti.

La autoestima de significado es la más valiosa y, también, la que parece más difícil de construir; se da en el encuentro desinteresado, en el tiempo regalado al otro, en el hecho de compartir momentos y de encontrarse.

Cuando uno construye una autoestima de significado sabe cómo es y no tiene miedo a vivir en congruencia con su ser. Algo complicado al vivir en una sociedad de fachada, donde puedo desdecirme de lo dicho aunque haya quedado grabado. Por ejemplo, ¿cómo es posible que durante una campaña electoral todos afirmen haber cumplido con lo que propusieron?, ¿y cómo es posible que tras el recuento de votos todos se proclamen vencedores de los comicios? Hay infinidad de ejemplos donde los principios que rigen la sociedad son el deshonor, el egoísmo y el situar los propios intereses por delante del bien común.

A mi entender, mostrarse como uno es da cuando menos cierto respeto, si no miedo, porque cuando uno se muestra como es, pone en juego parte de su vulnerabilidad, una vulnerabilidad que, por otro lado, esta sociedad parece no estar dispuesta ni a aceptar ni a respetar, por eso imperan las apariencias y las dobleces, que no son más que una manera de autoprotegerse.

Como muestra de lo que digo, en la consulta tengo el caso de Lucía, una chica de unos treinta y ocho años que llevaba trece trabajando en la misma empresa, una multinacional puntera en su sector y con unos valores sólidos de respeto a las personas. Cuál fue su sorpresa cuando, tras detectarle una enfermedad crónica, rara e incurable, y después de presentar los papeles en el servicio médico de su empresa, empezó un periplo de abogados y médicos que acabó con un despido pactado y ni una sola llamada de nadie de su empresa para preocuparse por ella. Esa empresa que se autodeclaraba «familiarmente responsable» no vio a Lucía persona, solo vio un sueldo, un puesto de trabajo y una enfermedad complicada. Pero claro, ella se pregunta: «¿Es que les he causado algún mal? ¿Es que no han sido trece años de entrega, de cafés compartidos con los compañeros o, incluso, de haber fraguado alguna amistad?».

Cuando en ocasiones tan importantes como la que te he relatado, una persona recibe una desconfirmación tan brusca, es humano hacer la personalización que Lucía ha hecho, y pensar que algo tan injusto tiene que tener una razón de ser, o incluso que ella sea esa razón de ser.

El miedo es muy libre, querida Lucía, y hace que tal vez humanamente sí quieran llamarte, pero temen que esa congruencia entre lo que humanamente quieren hacer y hacerlo pueda suponer una mácula en su expediente laboral.

La falta de congruencia de la empresa es la que lastra a Lucía a un callejón oscuro donde, como no se ande con ojo, puede llegar a cuestionarse su valía personal. Esta falta de congruencia nos hace daño, como persona individual y como sociedad, nos fragmenta y nos deja a merced de la hipocresía, el cinismo y la mentira.

Para actuar en congruencia no tenemos que hacer «desnudos emocionales», inmolarnos socialmente o cometer autenticidio, que sería como un suicidio en nombre de la autenticidad, como dice Bermejo. No, no estamos hablando de eso. Lo que yo propongo es que, a través del autoconocimiento, podamos tener una autoimagen que se corresponda con la realidad, un autoconcepto sano y congruente con lo que somos, y que todo ello nos confiera una autoconfianza que nos permita ser en este mundo de locos.

¿Te apuntas? ¿Sí? ¡Pues vamos a ello!

Lo primero que hay que hacer es diferenciar dos constructos dentro de la personalidad: el temperamento y el carácter.

En 1993, Lewis Goldberg propuso el «Modelo de los cinco grandes», es decir, los cinco rasgos en los que se clasifica la personalidad. Empecemos por explicar cada uno de ellos:

- Sociabilidad o extroversión: donde se incluye el afecto, la asertividad, el gregarismo, la actividad, la búsqueda de emociones y las emociones positivas.
- Responsabilidad: que incluye las competencias, el orden, el sentido del deber, la necesidad de logro, la deliberación y la autodisciplina.
- La apertura a la experiencia: donde se incluyen los valores, las ideas, las acciones, la fantasía, los sentimientos y la estética.
- La amabilidad: que incluye la franqueza, el altruismo, la modestia, la confianza, la actitud conciliadora y la sensibilidad a los demás.
- El neuroticismo: que incluye la ansiedad, la hostilidad, la depresión, la impulsividad, la vulnerabilidad y la timidez.

Teniendo en cuenta estas cinco características, cabría hacerse varias preguntas como parte de este proceso de autoconocimiento:

- ¿Tiendo más a la estabilidad emocional o al neuroticismo o labilidad emocional? ¿Cómo gestiono la frustración o el estrés?
- ¿Por dónde me muevo?, ¿por la extroversión o más hacia la introversión?
- ¿Me abro a la experiencia o más bien me cierro a ella?, ¿cómo vivo los cambios?
- ¿Tiendo a actuar con amabilidad, confianza en mí mismo y en el otro, o tiendo a ser escéptico y desarrollo mi pensamiento crítico?
- ¿Me responsabilizo, organizo, planifico y persisto, o vivo más la espontaneidad, la desorganización y la informalidad?

La parte de la personalidad que es bastante estable es el temperamento; no se ve modificado con el tiempo y es importante conocerlo, no por sentirlo como un corsé inamovible que nos constriñe, sino para saber los mimbres de los que partimos, y saber que a través del carácter podemos «limpiar, fijar y dar esplendor» al temperamento. Teniendo en cuenta esta característica, el temperamento es lo más innato en nosotros, nuestra esencia, un regalo con el que podemos contar para manejarnos por la vida. Vale la pena conocerlo, ¿no?

Hay cuatro tipos de carácter y a continuación hablaremos de cada uno de ellos, de sus dones y riesgos; así podremos situarnos a la hora de grabar nuestro carácter, porque esto es lo que significa el término, que viene del griego *charakter* («el que graba»).

- **Colérico.** Es una persona muy reactiva, dinámica, con mucha confianza en sí misma, a la que le gustan los retos y solucionar problemas; es diligente y no deja para mañana lo que puede hacer hoy. Toda esta actividad y caminar hacia delante a veces le hace ser poco reflexivo, no pedir consejo, olvidarse de las personas que tiene alrededor y con tendencia al orgullo y la ira; puede caer en un activismo ciego en hacer por hacer; le cuesta mucho reconocer que se equivoca; no le gusta delegar y tiende al control. El colérico es capaz de llevar adelante con pasión empresas con nuevas ideas y que requieren una gran dosis de energía. ¿En qué cosas sería oportuno que el colérico centrara su atención y grabara su carácter?

- **Sanguíneo.** También es una persona muy reactiva, aunque su energía fluctúa a lo largo del tiempo; le cuesta terminar lo que empieza, es espontáneo, compasivo, una persona comunicativa y con tendencia a la aventura; está atento a todos y a todo; la novedad es un imán para él y complacer al otro, su objetivo. El sanguíneo es capaz de convocar e implicar a las personas en el proyecto. ¿En qué cosas sería oportuno que el sanguíneo centrara su atención y grabara su carácter?
- **Melancólico.** Es una persona que tiene inclinación a la reflexión, a la contemplación perfeccionista e independiente, con gran capacidad para perseverar en las dificultades, aunque tiende a ver más dificultades y más graves de lo que en realidad son; es susceptible y suele ser muy crítico consigo mismo y con los demás, de ahí el perfeccionismo; no le gusta asumir riesgos, vive mal la incertidumbre, conoce sus talentos y sabe soñar, aunque le falta la energía suficiente para poner en práctica sus ideas. El melancólico es capaz de proponer nuevas ideas y nada contra corriente. ¿En qué cosas sería oportuno que el melancólico centrara su atención y grabara su carácter?

- **Flemático.** También tiende a la reflexión y a la contemplación, es poco reactivo a las demandas del ambiente, rehúye el conflicto y siempre busca la conciliación, por eso es capaz de no significarse y de no llamar la atención, aunque eso suponga negar sus propios valores; sabe escuchar y es empático, no pierde la calma y es muy analítico y racional, aunque las circunstancias pueden llegar a superarle fácilmente. Es capaz de llevar las empresas de los coléricos, motivadas por las grandes ideas de los melancólicos y con la implicación de personas sanguíneas de manera sostenible en el tiempo. ¿En qué cosas sería oportuno que el flemático centrara su atención y grabara su carácter?

Como todo lo que estamos tratando en este libro no podemos tomárnoslo al pie de la letra como si fuera algo ineludible, determinante, un fin en sí mismo, conocer nuestro temperamento nos sirve de guía para que, a través del carácter, vayamos fomentando la reflexión, el contar con los demás, la perseverancia, la audacia, la humildad, la prudencia y la magnanimidad, tal como nos propone Alexandre Dianine-Havard en su libro *Del temperamento al carácter*. En definitiva, es aprender cuál es nuestro temperamento de base para que, haciendo uso consciente y consecuente con nuestros valores de la libertad, podamos llegar a forjar nuestro carácter y hacer de nosotros unas personas excelsas. ¿No te motiva este objetivo? ¡A mí muchísimo! Así que ¡vamos a por ello!

Dejo aquí un cuento enfocado que viene muy al caso de lo que estamos hablando:

Había una vez un escorpión que se aproximaba a la vereda de un río, ¡un gran río caudaloso! En esto que el escorpión ve truncada su idea de poder cruzarlo, ya que entre sus destrezas no estaba el de buen nadador, así que se sentó a la sombra de un gran alcornoque a pensar sobre cómo podía cruzar el río. En esos menesteres estaba cuando vio a un gran sapo saltando alegremente por las aguas y nadando de manera acrobática. Quedó extasiado por esa forma de nadar y, de repente, una luz se hizo en su intelecto: «Si consigo convencer al sapo de que me ayude a cruzar, ¡será esta mi manera de llegar al otro lado!».

Así que, ni corto ni perezoso, se acercó al sapo y le dijo:

—Querido príncipe, he observado tu majestuoso nado y me he preguntado si serías capaz de ayudarme y de llevarme al otro lado del río.

El sapo miró atónito a su aguijón mientras un escalofrío le recorría el cuerpo, e intentando no ser grosero, le dijo:

—Querido escorpión, yo podría llevarte al otro lado del río, pero tú podrías ponerte nervioso y clavarme tu aguijón.

—Eso no es razonable, querido mío —respondió el escorpión—, ya que tú no eres mi enemigo, tú me estás haciendo un favor y yo te estoy agradecido por ello; por lo tanto, no sería razonable picarte con mi aguijón.

Al ver la cara afable y honesta del escorpión, el sapo se compadeció de él y decidió llevarle de un lado al otro del río. Si bien había razones para confiar en la buena intención del escorpión, el sapo, de temperamento bondadoso, no quería negarse, aunque sabía bien que con buena intención no basta para dominar el temperamento, así que le propuso al escorpión que lo llevaría subido en una hojita de alcornoque a la otra orilla.

El escorpión accedió, y cuando iban los dos por el centro del río, donde las aguas eran más caudalosas y peligrosas, el escorpión empezó a ponerse muy nervioso y, de pronto, su aguijón empezó a taladrar la hoja. El sapo se percató y nadó con mayor ahínco para evitar que el escorpión se ahogara. Una vez hubieron llegado al otro lado, el sapo le dijo al escorpión:

—Querido escorpión, con buena intención no basta para manejar el temperamento. El carácter, a través de la perseverancia, te ayudará en tu camino. Márchate y disfruta aprendiendo.

La perseverancia y la audacia yo las englobaría en la longanimidad, que es tener el «alma grande». La longanimidad hace referencia a perseverar desde el amor en las situaciones de dificultad, es la resiliencia llevada a un siguiente nivel a través de la permanencia del buen ánimo en una situación adversa. La humildad no es otra cosa que reconocer con generosidad que nadie se ha hecho a sí mismo, por mucho que sea una frase que está en boga en nuestros días (como ya vimos en el primer capítulo, nadie pidió nacer). Pero también consiste en reconocer que cada uno tiene un valor en sí mismo, unas características que le hacen único y unos dones que puede poner al servicio de los demás para hacer de este mundo un lugar mejor. ¡Yo no puedo cambiar el mundo, pero sí puedo labrar mi carácter para llegar a ser la mejor versión de mí!

La prudencia es la capacidad de saber elegir en libertad sin estar mediado por mis emociones, leyes ni viejos fantasmas. Saber elegir prudentemente es saber reconocer en el momento del discernimiento todas las variables que influyen en esa decisión, ser capaz de limpiar o sanar lo que haya que sanar y ser capaz de deliberar cuál es la opción buena para mí y para el otro.

Para terminar con el temperamento, quiero mencionarte otro sistema que me gusta mucho a la hora de caminar hacia el autoconocimiento, el eneagrama, por su origen milenario y la cantidad de veces que ha sido estudiado con rigor científico. (Sobre este tema en concreto, son muy conocidos el test de Riso-Hudson o los libros y cursos de Borja Vilaseca).

Para que te hagas una idea, yo soy una persona colérica, aunque tengo gran influencia de sanguínea; por otro lado, tengo una línea tipo 9, por lo que tengo la oportunidad de desarrollar más mi parte reflexiva y actuar con prudencia, poder pedir consejo a los demás y valorarlo, descubrir en el otro su dignidad y actuar con magnanimidad; y ya que soy capaz de reconocer mis dones y mis talentos, ser capaz también de favorecer con ellos el encuentro con el otro valorando su diferencia y su unicidad. Este es el camino que yo he recorrido, pero lo maravilloso es que cada uno tiene el suyo. ¿Te apetece empezar a descubrirlo?

Clasificaciones como esta nos pueden servir de guía, pero nunca van a determinar lo que somos en nuestra totalidad, pues somos mucho más que la suma de nuestro temperamento y nuestro carácter. En ello tiene que ver en gran medida la autoestima, que está conformada por la autoimagen, el autoconcepto y la autoconfianza, que se forja a lo largo de nuestra vida y del *feedback* que hemos ido recibiendo de nuestra manera de actuar y adaptarnos al entorno. Sin embargo, llega un momento en el que nosotros mismos somos los protagonistas de ir construyendo esa autoestima, lo que supone un reto apasionante. ¿Te lo vas a perder?

TABLA DE LOS ENEATIPOS:

Eneatipo		Cuando está centrado...	Cuando está descentrado...	Tendencia emocional
1	Perfeccionista	Realista, se esfuerza por cumplir con sus elevados ideales, racional	Moralizador e inflexible	Enfado y rabia
2	Servicial	Protector, cariñoso, afectuoso, generoso, altruista	Posesivo y manipulador	Superioridad
3	Eficaz	Enérgico, ejecutor, seguro de sí mismo, está centrado en hacer, persigue objetivos	Ambicioso, narcisista y hostil	Vanidad
4	Artista	Con mundo interior, creativo, intuitivo, romántico, sensible, perceptivo	Autoinhibidor y depresivo	Nostalgia
5	Sabio	Observador, introvertido, curioso, analítico y perspicaz, necesita adquirir conocimientos	Excéntrico, fóbico y avaro	Avaricia
6	Leal	Responsable y digno de confianza, leal (a la familia, amigos, grupos y causas), entre reservado y tímido	Dependiente y masoquista	Miedo
7	Optimista	Activo y dinámico, productivo, desea aportar su contribución al mundo	Inmoderado, maniático, glotón	Glotonería
8	Líder	Directo, autosuficiente, seguro de sí mismo, resolutivo, protector	Dominante y vengativo	Inmoderación
9	Conciliador	Mediador, pacificador, bondadoso, compasivo, busca la unión con otras personas y con el mundo que le rodea	Pasivo y reprimido	Intolerancia

La autoimagen es la imagen que tengo de mí mismo, no solo físicamente, sino como persona. Según el lugar que ocupo en la sociedad puedo preguntarme: ¿amplío o disminuyo mi imagen?, ¿confronto mi autoimagen con la imagen que los demás tienen de mí?, ¿tiene más de real o de irreal?, ¿del «me gustaría ser...» o del «soy...»? Respecto al autoconcepto, es el conocimiento que tengo de mi yo interior: ¿en qué soy bueno?, ¿con qué disfruto?, ¿qué es lo que más me cuesta?, ¿cuáles son mis fortalezas?, ¿y mis debilidades?, ¿dónde tengo oportunidades de mejorar o incluso dónde están mis puntos ciegos? Y en cuanto a la autoconfianza: tras haberme conocido, ¿me valoro?, ¿en qué se traduce (acciones concretas en el día a día) ese valor que sé que tengo?, ¿cuánto y cómo me valoro?

Me encuentro diariamente a personas que esperan que sean otros los que las valoren y aprecien por las cosas que hacen, el tiempo que entregan o la dedicación que ponen en lo que trabajan. ¿No resulta algo paradójico pretender que sea otro el primero que me valore o que valore mi trabajo? Tenemos que apelar a la satisfacción personal a la hora de ganar en autoconfianza y rehuir del perfeccionismo, pues lo único que hace este es lastrarnos a un círculo vicioso sin fin y autodestructivo en el que jamás seremos capaces de valorarnos y valorar lo que hacemos porque nunca llegará a ese grado de perfección inalcanzable.

Por lo tanto, no podemos encaminarnos a buscar el sentido de nuestra vida sin abordar antes quién soy y de dónde parto.

De Viktor Frankl y Carl Rogers, pasando por otros grandes, a tu vida

Viktor Frankl deja muy claro en su libro *El hombre en busca de sentido* que es esa esfera espiritual, de la que hablábamos en el primer capítulo, la que vertebra todo el consciente, el preconsciente y el inconsciente de la persona. Frankl llega a considerar al hombre como un ser existencial dinámico y capaz de trascenderse a sí mismo. Pero ¿qué significa todo esto?, ¿qué significa «existencial»?

«Existir» quiere decir salir de sí mismo y ponerse frente a sí mismo, de manera que el hombre sale del nivel de lo corporal-psíquico y llega a sí mismo pasando por el ámbito de lo espiritual. Como decía en 1987, «la existencia acontece en el espíritu». Esto significa que Frankl diferenciaba entre lo biológico, lo psicológico y lo espiritual, y esta existencia hace referencia a esa parte espiritual, la capacidad del hombre de salirse de sí mismo y ponerse de frente para conocerse y para valorar sus actos, lo que le lleva a responsabilizarse de ellos. Esta es verdaderamente la diferencia que existe entre el hombre y cualquier otra criatura: su capacidad para hacerse cargo, para responsabilizarse de sus actos realizados a partir de su libertad.

Salirse de uno mismo para mirarse de frente es lo que hemos hecho en el anterior capítulo. Usando una serie de herramientas podemos salirnos de nosotros mismos y mirarnos desde fuera para conocernos y reconocernos en nuestra existencia. Frankl califica esta responsabilidad de individual, no colectiva, pues es singular a cada uno de nosotros.

Simone de Beauvoir dijo «que nada nos defina, que nada nos sujete, que la libertad sea nuestra propia sustancia» y luego dijo que «ser uno mismo, simplemente uno mismo, es una experiencia tan increíble y absolutamente única que es difícil convencerse de que a todo el mundo le pasa algo tan singular». Esta activista del feminismo dijo muchas más cosas, pero incidía sobre todo en una idea de libertad que concordaba con su idea del ser; es decir, si tú eres tú mismo, será porque hay diferencias entre tu persona y la del otro, porque hay límites —aunque solo sean físicos— entre una persona y otra, ¿no?, y también será porque hay características que te definen a ti y no al otro? En consecuencia, podríamos proponer que, efectivamente, en el hombre hay cosas que sí le sujetan, que sí le definen, y que todo ello forma parte de su libertad individual.

Conocerse uno mismo lo que hace es aumentar las posibilidades de potenciar los propios recursos. Esto me recuerda a la frase que le atribuyen a Einstein de si pones a un pez en lo alto de un árbol, seguramente se morirá, pero no porque el pez no sea un magnífico ejemplar, sino porque el medio en el que se está desarrollando no es el que él necesita. Pues esto es un poco lo mismo: si nosotros, sin autoconocernos, entramos en el mundo y nos ponemos a hacer, a hacer sin ningún sentido, es muy probable que no lleguemos a Ser con mayúsculas.

¿Por ser libre puedo elegir cualquier opción? ¿Cualquier opción es válida para mí? ¿Por el mero hecho de tener libertad puedo actuar verdaderamente en libertad sin conocerme?

Aristóteles decía que la libertad es la capacidad del hombre de elegir el bien, lo cual nos complica mucho más la cosa, porque no es solo la capacidad de elegir, sino de elegir el bien, como hablábamos en el anterior capítulo, con prudencia.

Fijémonos que Aristóteles no decía «elegir lo que me haga feliz». Pero ¿es que acaso elegir el bien no me hará feliz? Creo que todos podemos llegar fácilmente a la conclusión de que el bien, por lo menos a corto plazo, no siempre me hace feliz.

Pero volvamos a Viktor Frankl. Para el psiquiatra austriaco, la principal fuerza motivacional del ser humano se identifica con la búsqueda del sentido de la vida, y lo basaba en tres conceptos importantes, que son la libertad de la voluntad, la voluntad de sentido y el significado en la vida.

Cuando Frankl habla de la libertad de la voluntad, se refiere a que el ser humano tiene capacidad no solo para reaccionar, sino también para que de forma autónoma sea capaz de moldear activamente su vida, de no ser solo un objeto, sino ser sujeto de su historia (una idea en la que llevo insistiendo desde hace muchas páginas, como habrás podido comprobar).

Cuando habla de la voluntad de sentido, se refiere a que la libertad en sí misma se agota; es decir, hacer uso de esa libertad siempre conlleva un «para...»: yo hago esto para mí, yo elijo esto para mi marido, yo callo para no hacer daño a otro. Es decir, nosotros somos libres para lograr metas y propósitos, pero en el momento en el que carecemos de ese encuentro con el otro o de esas metas y propósitos, perdemos ese sentido existencial de la propia vida.

Tengo en la consulta personas que, al igual que esperan que sean otros los que los valoren, también esperan que sean otros los que les devuelvan ese sentido de la propia vida, que sean los demás los que le devuelvan ese «para». Pero detengámonos un momento a pensar: ¿cuál es el primer «para» al que tenemos que responder? Marta se levanta por las mañanas «para» respetar su propia necesidad de realización; Marta se ducha por las mañanas «para» cuidar su cuerpo. La voluntad de sentido empieza en uno mismo y trasciende al otro. Es verdad que no se agota en Marta, pero sí es el inicio porque reconozco mi dignidad de persona, la valoro, la respeto y como tal actúo. Bien es verdad que en mi caso, que sé que esta dignidad me viene dada por ser hija de Dios y saber que todo ser humano también es hijo de Dios, esto se ha convertido en mi «para». Cuando acompaño en el sufrimiento a una persona, lo que da sentido a mi acompañamiento es el significado que su dignidad tiene para mí; aunque sus actos hayan sido reprobables, dañinos para ella y para la sociedad, yo no soy quién para juzgarla, pero sí soy quién para acompañarla a transitar por ese sufrimiento y, tal vez, así sea capaz de trascender a él y de percibir la dignidad ontológica de cada persona y decida tratarla en consecuencia y abandonar antiguos comportamientos que estaban mediados por ese sufrimiento y que motivaban emociones de rencor, rabia, odio, ira, tristeza y muchos más.

Finalmente, cuando Frankl nos habla del significado en la vida se refiere a que a través del uso de la libertad y de la responsabilidad individual, cada uno de nosotros está llamado a ser la mejor versión de sí mismo, ser consciente y percibir el significado del momento en todas las posibles situaciones. Por lo tanto, este significado en la vida será propio y particular, y eso es maravilloso porque convierte nuestro mundo en un lugar donde lo individual es puesto en común con otro que nos ayuda a potenciarlo y mejorarlo para posicionarnos con un «¿qué quiero yo entregarle a la vida?», «¿qué le voy a regalar yo a la vida?», «¿cuál va a ser mi legado?». En vez de presentarnos como objetos o sujetos pasivos esperando a ver qué nos deparará la vida, este enfoque nos sitúa como protagonistas.

Frankl también nos habla de la «tríada trágica» —es decir, el sufrimiento, la culpa y la muerte— a la que vamos a estar expuestos de manera irremediable, y que haciendo uso de nuestra libertad y responsabilizándonos con nuestro papel protagonista seremos capaces de afrontarla con garantías.

Esta perspectiva de la vida encaja muy bien con la teoría de la tendencia actualizante que, según Carl Rogers, tenemos todos los seres vivos: ser el mejor ser que podemos en este momento y este espacio, aun cuando las condiciones no faciliten este proceso.

Para Rogers, una relación que potencie esta tendencia actualizante debería tener tres puntos: actitud empática, congruencia y aceptación incondicional. Por lo tanto, nosotros mismos podemos ser el más valioso motor de nuestra propia tendencia actualizante.

En este punto paso a hablar de las motivaciones intrínseca y extrínseca según Johnmarshall Reeve, y también de la motivación emergente.

La motivación intrínseca es aquella que nace de dentro de mí precisamente porque es importante, placentera, necesaria o la disfruto; no responde a ningún estímulo exterior, es decir, satisface mi competencia y mi autodeterminación. Somos capaces de poner en juego nuestros talentos, superarnos y afrontar retos, y la autodeterminación es responder al uso que puedo darles a mi libertad y a mi autonomía para decidir cómo quiero comportarme. El quid de la cuestión está en la dificultad de la tarea en comparación con mis propias capacidades, porque si la dificultad es muy alta, puede que no realice la tarea por ansiedad o miedo al fracaso, y si es muy baja, por puro aburrimiento. Solo en el caso de que se adapte a mis capacidades, pero representando un reto, se presentará una «experiencia óptima» y me hará fluir.

Esta aproximación a la motivación intrínseca podría seducirnos y podríamos imaginar que si somos capaces de encontrar esa motivación intrínseca hedonista común a todos conoceríamos el santo grial para que el trabajar fuera placentero. Esto, obviamente, es una utopía ya que fácilmente nos damos cuenta de que la motivación intrínseca es como los culos, cada uno tenemos el nuestro. Depende de tantas circunstancias personales y sociales que se nos hace inabarcable su estudio generalizado. Por el momento, vamos a quedarnos con esta idea de que la persona es el centro de su propia motivación.

La motivación extrínseca es aquella que nace, se presenta o existe porque hay un estímulo fuera de mí que me provoca o me inhibe para llevar a cabo una tarea, es usar el palo o la zanahoria, es darle a la persona desde fuera un estímulo placentero o displacentero para realizar una actividad determinada.

La motivación emergente surge otra vez de la teoría del flujo y viene a decir que la persona puede llegar a experimentar como intrínsecamente gratificante una actividad nueva, o bien alguna otra que previamente no le ilusionaba ni le cautivaba pero que al cabo del tiempo es capaz de fluir en ella.

Las teorías de la motivación respecto al flujo indican que si uno se ve competente en una tarea, hay una mayor probabilidad de que sienta esa motivación intrínseca y que continúe haciendo la tarea, y viceversa; es decir, que si yo empiezo a estudiar un tema y veo que soy capaz, intelectualmente hablando, de afrontar el estudio, seguiré con él, y es posible que fluya en el ahora, o bien, si me veo incompetente para realizar dicha tarea, es más probable que no sienta esa motivación intrínseca y que por lo tanto abandone la tarea.

Podemos sacar varias conclusiones respecto a la motivación:

- La motivación es propia y exclusiva de cada persona; por lo tanto, centrarse en la persona parece la manera más eficaz de conocer y conectar la tarea con su motivación intrínseca.
- La motivación tiene mucho que ver con la emoción. No sabemos qué va antes, si me emociono porque me motivo o me motivo porque me emociono. Pero esto no es lo que importa, lo que importa es saber que tanto las emociones positivas —porque haya un estímulo externo de recompensa— como las emociones negativas —porque haya un estímulo externo de castigo— funcionan a la hora de provocar de manera extrínseca la motivación. De hecho, en el libro de Rafael Bisquerra *Inteligencia emocional en educación* se afirma lo siguiente: «De hecho, los niños que reciben una educación con reglas claras y estables de comportamiento, siendo además apropiadamente castigados y reforzados en cada ocasión, siempre con permanente trato afectuoso, son menos impulsivos y caprichosos y muestran un mayor control sobre sus propias emociones».
- Lo que más motiva a las personas a actuar es ser ellas mismas; es decir, yo no estudio para ser alguien en la vida, yo ya soy alguien en la vida y, para honrar lo que soy, voy a poner mis capacidades, actitudes, emociones, limites... en definitiva, todo mi ser en pro de conseguir mi mejor versión. ¿Hay algo más motivador que esto?
- Por último, una máxima fundamental: soy verdaderamente libre cuando soy yo misma; por consiguiente, hago uso de mi libertad para motivarme a ser.

Una buena manera de apelar a la motivación es a través del autoconocimiento y del compromiso que adquiero conmigo mismo, ¿o acaso no habíamos visto que el mundo tiene sentido porque yo vivo en él? ¿Acaso no es lógico que todo lo que hace referencia a mí también lo haga a mis propias actuaciones? Y como soy un ser social por naturaleza, mis actuaciones no solo están dirigidas a mí, sino que tienen un barniz de bien común. Yo soy quien soy y camino hacia mi mejor versión por mí y por el otro, porque soy un bien para mí y para los demás.

Así que, en resumen, según Aristóteles, Frankl, Rogers y muchos otros, lo más apasionante de la vida es la propia vida, es vivirla desde nuestra esencia, desde nuestro yo, y, desde ahí, fluir.

Ahora que ya hemos establecido que tenemos que vivir la vida que nos ha tocado vivir, podemos plantearnos: ¿qué se necesita para vivir? Según la facultad de Pedagogía de la Universidad de Barcelona, las competencias para la vida y el bienestar son un conjunto de habilidades, actitudes y valores que promueven la construcción del bienestar personal y social; entre ellas se encuentra la capacidad de negociación, la coordinación y la solidaridad, la transformación del fracaso, así como la capacidad de ser feliz y de fluir; es decir, que debemos trabajar proactivamente por nuestra propia felicidad, pues esta no va a venir dada por la vida.

Una manera de encontrar esa felicidad es a través del flujo, y quien se encarga de introducirnos en un tema tan interesante es Mihály Csíkszentmihályi. El flujo es el estado en el que se siente una persona cuando está realizando una acción y nota que está fluyendo, que ese es su lugar en el mundo, las horas se le pasan volando, no hay noción del tiempo y casi tampoco de esfuerzo, aunque se sabe racionalmente que se está realizando un gran esfuerzo. Es precisamente el estado que siento mientras escribo este libro.

Cinco son los elementos necesarios para alcanzar el estado de flujo:

1. Tener objetivos muy claros y adecuados a las propias capacidades (motivación).
2. Tener capacidad de enfoque.
3. Poder identificar el grado de éxito y error y ser capaces de readaptarnos.
4. La existencia de un equilibrio entre las capacidades propias y las metas que nos fijemos.
5. La gratificación interna.

Por otro lado, encontrar ese lugar en el mundo no es sencillo aunque sepamos cuáles son sus características, pero si lo logramos, nos llenará de felicidad, aunque, eso sí, no olvidemos que la tríada trágica de Frankl siempre estará presente, porque vivir felices no está exento de sufrimiento, muerte y culpa.

Aquí quiero hacer hincapié en la felicidad y su gran mentira.

Empecemos por los catorce rasgos fundamentales asociados a la felicidad que propone Michael Fordyce:

1. Ser más activo y mantenerse ocupado.
2, Dedicar más tiempo a la vida social.
3. Ser productivo en un trabajo significativo.
4. Organizarse mejor y planificar las cosas.
5. Evitar las preocupaciones.
6. Reducir expectativas y aspiraciones (o adecuarlas correctamente).
7. Desarrollar un pensamiento positivo y optimista.
8. Centrarse en el presente.

9. Trabajar en busca de una personalidad sana (procurarse la salud mental).
10. Desarrollar una personalidad sociable y atractiva.
11. Ser uno mismo (natural, espontáneo, auténtico, sincero, etc.).
12. Eliminar los sentimientos y problemas negativos.
13. Las relaciones íntimas son la primera fuente de felicidad.
14. El secreto fundamental: valorar la felicidad, considerar que es algo importante y luchar por conseguirla.

Y ahora va mi crítica a estos catorce rasgos. Espero que no me la tengas muy en cuenta o sí... allá cada cual.

No digo que no sean necesarios, ni que no ayuden a alcanzar esa felicidad idílica. Lo que digo es que no me parecen fundamentales, y me explico:

1. Una persona que no sea muy activa o que no pueda hacer nada... ¿no puede ser feliz? Por favor, que vaya a hablar con @jordisabatepons.
2. Sin vida social... ¿En pandemia estábamos condenados a ser infelices?
3. ¿Qué es «un trabajo significativo»? ¿El que te da dinero y con eso te conformas?, ¿el que no te da mucho dinero, pero da sentido a tu vida?, ¿el que hace que te levantes por las mañanas, aunque solo sea por rutina?
4. La organización es importante, pero ¿no sería más importante ser flexible, adaptable?
5. Evitar las preocupaciones... Es verdad que hay preocupaciones que son evitables, ¿y las que son inevitables?, ¿qué hago con ellas?

6. Expectativas basadas en el autoconocimiento, esto sí lo veo más realista.
7. Pensamiento positivo no equivale a «todo me resbala» o «qué *happy* es todo», y en cuanto al optimismo... me parece difícil si no va sustentado en la trascendencia.
8. Vivir el presente, ¡esto me mola!
9. La búsqueda de nuestra salud mental es útil, aunque hay parte que depende de mí y parte que no. ¿Y si padezco una enfermedad mental?, ¿estoy condenada a ser infeliz? No, con esto no estoy de acuerdo.
10. Personalidad sociable y atractiva... esto no lo comento.
11. Para llegar a ser uno mismo... conócete primero, y después *go!*
12. ¡¿Eliminar... eliminar?! ¡Todas las emociones sirven para algo y hablan de nosotros, no podemos movernos en un mundo donde todo lo feo, lo difícil y lo negativo lo neguemos o eliminemos u obviemos... ¡Eso es una locura!
13. En esto estoy de acuerdo...
14. En esto no estoy de acuerdo. Para mí lo principal en la vida no es la búsqueda de la felicidad... De hecho, uno de los libros que más me gustan es *La trampa de la felicidad*, de Russ Harris.

¿Qué piensas tú de todo esto? No me des la razón como si tal cosa. Lo que quiero es que reflexiones, me cuestiones y llegues a tus propias conclusiones.

Hasta ahora hemos hablado del sentido de la vida, de la tríada trágica, de las características personales que favorecen ese encuentro, de la motivación y de la felicidad que hay que trabajarla... Parece que la vida tiene todos los ingredientes para ser una obra trágica, por eso me viene a la memoria lo que Frankl llamaba «el optimismo trágico», que es la capacidad de encontrar esperanza y sentido a la vida a pesar del sufrimiento y la pérdida.

Pero ¿qué características tiene este optimismo trágico que me ayudará a encontrar ese sentido particular a mi vida? Recuerda que en el capítulo 1 decíamos que el optimista es un pesimista bien informado, así que vamos a ver qué cuatro patitas propone Emily Esfahani para ser ese «optimista trágico» del que habla Frankl:

1. Tener un sentido de pertenencia, que es «relacionarse o ser de», significa sentirnos parte de algo, estar conectados a alguien, formar parte de una comunidad que propicie el encuentro de mi persona con otro o con otros, ser «re-conocido», incluso tener un sitio al que volver y del que procedo, conocer mis raíces, mis orígenes. Esto es necesario en este mundo, por lo menos en Europa, donde desde hace décadas pretendemos que sea sin raíces, sin lazos, sin origen, sin historia o sin cimientos. Las raíces de las plantas tienen una función de nutrición y de sostén. Y como no podemos negar de dónde venimos las personas, en algunos casos es a través de la reconciliación de esos orígenes que se puede continuar construyendo una vida.
2. Tener claro el propósito, el porqué, y no tanto hacia dónde encamino mis pasos. Creo que sería más humano hablar del para qué o para quién, quién es mi motivación. Nada me impide ser yo misma y adquirir esa responsabilidad, si bien no estaría completa si no hubiera un quién externo a mí. Por ejemplo, todos los

días me encuentro con Clara, la señora contratada por el ayuntamiento de mi pueblo para limpiar la plaza del pueblo; su propósito puede ser «porque necesito el dinero», o «para vivir», o «porque sirvo para hacer un trabajo», o «para disfrutar junto con mis vecinos de la plaza del pueblo, hacer la vida más agradable a mí y a los demás, favorecer el encuentro entre personas solitarias en una plaza limpia». ¿Qué propósito honrará más los valores de Clara?

3. El sentido de trascendencia. ¿Has estado alguna vez en la cima de una montaña, o mirando al horizonte frente al mar, o contemplando una flor y, de pronto, el asombro te ha sobrecogido el corazón y el alma? ¿Te has sentido inmensamente pequeñito y, a la vez, conectado con el presente y el agradecimiento brota naturalmente de tu corazón? De eso se trata, de ser consciente de que mi vida es mucho más que yo misma, que formo parte de un todo más grande que yo misma.
4. Y, por último, la narrativa. La autonarración es una herramienta que favorece la comprensión de la propia historia, la conexión entre acontecimientos que lo dotan de coherencia, y nos ayuda a descubrir cuál ha sido la ganancia de esa crisis o de esa pérdida, pero sobre todo nos habla de cómo estoy percibiendo y atribuyendo mis acontecimientos, cómo me cuento yo mi historia. «Hablamos como pensamos —me dijo María José una vez—, y nos sentimos como pensamos»; así pues, ¿cómo me cuento yo mi día a día? «Tengo miles de cosas que hacer», «no llego a nada», «soy incapaz», «otra vez lo he hecho mal»... ¿Cómo es mi diálogo interior? Cuidarlo desde el reconocimiento, el respeto y el amor es la manera más sana de narrarme. Para

Siegel, «la narración es el pegamento social, es integradora desde dentro, da sentido».

Esfahani asegura que «la búsqueda de la felicidad nos hace profundamente infelices» porque, como hemos visto, la felicidad sin sentido lleva al consumismo, a la glotonería, al abuso, y el abuso lleva a la intolerancia y a la pérdida del sentido.

Concretando, que es gerundio

¿Por qué «concretando, que es gerundio»? Porque el gerundio representa «algo que debe llevarse a cabo», no está estático, es algo que evoluciona, que se mueve, que se implica y se define, y eso es lo que vamos a hacer en este apartado.

Todo esto de lo que hemos hablado, ¿no te da una idea de la singularidad y la unicidad del ser humano, de ti? Porque estamos hablando de ti, de lo único que eres. Te hago una pregunta: al escribir una biografía sobre alguien, por muy pormenorizada que sea, ¿sería igual que haberle conocido? Es decir, ¿se podría reducir su existencia a su biografía? Espero que estemos de acuerdo en que no sería ni una décima parte de lo que fue esa persona. Por lo tanto, la existencia humana es irreductible. ¡Tú eres algo más que la suma de todo lo que te compone!

Todo esto es revelador porque nos demuestra de nuevo que tu vida y mi vida tienen un sentido. ¡Tú tienes un sentido, lo has encontrado! Y, por cierto, no es lo mismo *encontrar* el sentido de la vida que *darle* sentido a la vida. Cuando encuentras el sentido a tu vida, lo que haces es revelar algo que no era visible a los ojos («lo esencial es invisible a los ojos», que diría el Principito), y ese descubrimiento apela a tu ser más íntimo, a tu espiritualidad, y reclama de tu libertad una respuesta que esté acorde con lo que has descubierto, una respuesta, podríamos decir, responsable.

Encontrar el sentido a la propia vida provoca en el hombre un movimiento de dentro hacia fuera como respuesta a ese descubrimiento, y aquí es donde entra el gerundio, para dar una respuesta-en acción, que diría Frankl. ¿Ves cómo todo está unido?

La siguiente pregunta que cabe hacerse es: vale, y entonces ¿cuál es el sentido de mi vida? Me atrevería a decir, por la configuración del ser humano y de esa espiritualidad que le lleva a la trascendencia, que el sentido de la vida podría resumirse en «ser felices». A la mayoría de los padres, cuando se les pregunta qué quieren para sus hijos, suelen responder dos cosas: que sean felices y que sean buenas personas. Para mí, estas dos ideas están íntimamente relacionadas por todo lo que hemos visto; es decir, ser buenas personas implicaría el uso de la libertad para elegir el bien y actuar con responsabilidad, lo cual nos llevaría a tener un sentido de vida, que a su vez nos llevaría a algo más que la mera felicidad: a la satisfacción y la realización personal. Pero para no descartar tan rápido la felicidad, vamos a ver si llegamos a la misma conclusión que Emily Esfahani. ¿Te apuntas?

Adam Crossley y Darren Langdridge, preocupados por las fuentes de la felicidad, realizaron un estudio correlacionando fuentes de felicidad percibida en hombres y mujeres, y la puntuación que ambos grupos dieron a cada una de esas fuentes. El concepto que salió más valorado tanto en unos como en otras fue «amar y ser amado».

¿Estás de acuerdo con esto? Yo sí, por eso me propongo desarrollarlo. ¿En qué consistirá eso de «amar y ser amado»?

«Tres cosas quiero en la vida: salud, dinero y amor», pues

parece que hemos centrado el tiro, y que nos quedamos con el amor, pero ¿qué significa amar?, ¿qué significa Amar en mayúscula?

Mariano Yela decía: «El amor no es necesario para vivir, pero sí es necesario para que merezca la pena vivir». Para que merezca la «pena», el sufrimiento, el esfuerzo, la entrega... Edith Stein decía: «No aceptes como verdad nada que carezca de amor. Y no aceptes como amor nada que carezca de verdad. El uno sin la otra se convierte en una mentira destructora». Y Julián Marías: «Se es más persona en la medida en que se ama más profunda y personalmente».

Amor, sufrimiento, verdad, sentido de la vida, profundidad...

Supongo que todos ya tenemos claro que la felicidad hay que trabajársela, pero ¿qué significa la palabra «trabajo»? El término viene de un derivado del latín, *tripalium*, que eran tres palos que se usaban como instrumento de tortura. Aunque poco a poco fue evolucionando y empezó a utilizarse para referirse a realizar actividades forzadas o que requerían esfuerzo. Al ser humano le cuesta valorar las cosas que no requieren esfuerzo, y las que sí lo requieren suelen ser mucho más ansiadas y recordadas como logros cuando se han alcanzado. Por eso es tan interesante combinar «felicidad» y «trabajo», porque, como decía Confucio, «aprende a ser feliz en el trabajo y no tendrás que volver a trabajar». Quedémonos de momento con esta idea.

El otro día escuchaba a Luis López González hablando de la diferencia entre excelencia y excelsitud. Decía que hoy en día no es suficiente con ser excelente en algo, porque puede no gustarte o no hacerlo con pasión o no poner el corazón en ello y entonces será excelente, sí, pero sin la parte humana, sin ti y sin reportarte esa felicidad que nace del trabajo y de la entrega de uno mismo en cada acto que hacemos, «nuestro sello personal». La excelsitud es esa cualidad en que la persona hace las cosas del día a día poniendo «el corazón en las manos», como diría Camilo de Lelis, hacer las cosas de forma primorosa, detallista, poniendo tu ser en la tarea, independientemente de que esta sea digna de tanta atención, porque la que es digna de esa atención es la persona que está actuando de manera humana, humanizando su trabajo y para quién lo está realizando: ya sea él mismo, la familia, compañeros de trabajo, la sociedad, etc. En esto consiste ser excelso.

La excelsitud la desarrollan las personas que, más allá de haber descubierto su vocación o sus talentos, y que por circunstancias de la vida no hayan podido desarrollarlos, lejos de frustrarse, culparse o culpabilizar a las circunstancias, no han dejado de adaptarse a la realidad que vivían. Han sido capaces de utilizar las tareas cotidianas al servicio propio, como camino de crecimiento personal e identitario. ¿Por qué identitario? Porque si aplicamos la excelsitud a todo lo que hacemos, le ponemos nuestro sello personal. ¿Y qué es el sello personal si no nuestra propia identidad? Por eso nos abre a la posibilidad de crecimiento, la capacidad de decidir cómo quiero ser en esta situación concreta. ¿Entiendes lo que quiero decir? Si ya es complejo conocer los talentos propios y, además, nuestra vocación, ¡imagínate que, una vez descubiertos, las circunstancias de la vida no favorecen poder desarrollarlos! Esto causa mucha frustración, pero también abre la puerta de nuevas oportunidades para que nuestra identidad crezca de forma excelsa.

Te cuento mi caso personal. Yo estudié Enfermería y me encanta, ¡verdaderamente es mi vocación! Pero haber participado como enfermera en los atentados del 11-M de 2004 en Madrid dio un vuelco a toda mi persona; tanto es así, que tuve que tomarme un tiempo para asimilar tanto sufrimiento. Como los días iban pasando y yo era joven, animada por mis padres, decidí estudiar un máster de empresa y empecé a trabajar en una importante multinacional en un sector que nada tenía que ver con mi vocación, rodeada de ingenieros y empresarios, donde he pasado gran parte de mi vida laboral. Durante este periodo, me casé, tuve cuatro hijos y fui cambiando de puesto de trabajo dentro de la propia empresa. Cada uno de los días que pasé allí sabía que ese no era mi lugar en el mundo, que no era mi vocación, que aquello que yo necesitaba para potenciar mis dones no lo encontraría allí, ¿o sí? Humanamente, me costó encontrarlo. Constantemente me recordaba que toda esa adversidad no iba a impedir que yo realizara mi trabajo con excelsitud, poniendo toda mi inteligencia, mi corazón y mi voluntad en ello; de hecho, con frecuencia recibía felicitaciones por mi trabajo de personas con las que colaboraba dentro y fuera de la empresa. No dejé que el ambiente o incluso el tedio que me provocaba mi trabajo definieran cómo yo quería ser en él. Poco a poco, la vida y mis decisiones me han convencido de que no es factible volver a ejercer la enfermería, eso no quiere decir que yo no me pueda sentir realizada y plena en la vida que llevo e intente llevarla con excelsitud, por respeto y amor a mí misma y a las personas que me rodean, aunque ellas no actúen igual que yo.

Así que, si tienes la oportunidad de poder desarrollar tus talentos, ¡¡no te olvides nunca de la excelsitud, que es la parte más humana de estos!!

Por lo tanto, si vas a comenzar este proceso de dar sentido a tu vida, permíteme una frase: «Prioriza la aceptación a la perfección».

La manera más perfecta de poder realizar, entregar y potenciar mis talentos, *a priori*, era la enfermería; sin embargo, eso no pudo ser. La aceptación de mis dones y la búsqueda incansable de dónde poder desarrollarlos han dado lugar al *counsellor* que hoy soy.

No hay decisiones perfectas, no puede haberlas, porque el propio proceso de perfeccionismo hace inalcanzable encontrar ese tipo de soluciones; además, no podemos controlar todas las variables, ni tener una seguridad del cien por cien. Por otro lado, es beneficioso asumir que por mucho que hayamos discernido y deliberado antes de actuar, hay muchísimas variables que se escapan a nuestro control y de las cuales no podemos responsabilizarnos. No son pocas las personas a las que el deseo de perfección no les frena para tomar una decisión, sino el exceso de responsabilidad, pues piensan que son responsables de todo lo que ocurre a su alrededor. Si este es tu caso, yo te pregunto: ¿verdaderamente te podemos echar la culpa de todo lo que ocurre a tu alrededor?, ¿eres omnipotente? Desde el cariño que te tengo te pido que, por favor, lo reflexiones.

Vale, ya he meditado sobre el sentido de mi vida e incluso soy capaz de percibir los cambios que me gustaría realizar, pero ¿esto cómo se hace? Según William Miller y Stephen Rollnick, las etapas del cambio son:

1. **Precontemplación** (tú ya no te encuentras en esta fase, espero). Aquí se encuentran las personas que dicen cosas como: «Siempre se ha hecho así», «A mí no me ha ido tan mal», «No veo la necesidad de cambiar», «Es el mundo el que está mal» o «Es el otro el que tiene que cambiar». (Solo un dato curioso: cada diez años cambiamos todas las células de nuestro cuerpo... Para quien no le guste el cambio, entiendo que este dato supone un gran desafío, ¿no?).

2. **Contemplación.** Esta fase se caracteriza por la ambivalencia; ya empiezas a percibir que te gustaría un cambio o que lo necesitas, pero no estás tan seguro de emprender ese camino, que tal vez el cambio te gustaría pero que no es tan tan necesario. ¡Seguir a la siguiente fase es un paso importante! Creo que merece la pena que sigas contemplándote y veas los pros y los contras, tus recursos y capacidades frente a tus límites, el apoyo social que tienes y que te va a posibilitar afrontar ese cambio, y en caso de necesitarlo, ¡no dudes en pedir ayuda! Sé que es difícil mostrarse vulnerable ante otra persona, si bien es una manera bellísima de dar la oportunidad a otro de descentrarse y salir de su hiperreflexión, de su centramiento en sí mismo. En esta etapa es imprescindible que te preguntes por tus valores, los priorices y los clarifiques.
3. **Determinación.** Si has realizado a conciencia la fase anterior, seguramente hayas llegado a la determinación de lo que necesitas y quieres, y de cómo vas a cambiarlo. ¡Adelante, ahora puedes saltar a la siguiente etapa!
4. **Acción.** Toda acción implica un compromiso, asumir tu responsabilidad como protagonista del cambio en tu vida. Elabora un plan de acción, que puedes contrastar con otras personas de tu confianza (qué recursos necesitas, los plazos, las personas...). Pero lo más importante para mí es que nunca pierdas de vista lo que de verdad te está motivando a transitar este camino: llegar a ser tú mismo y que tu vida cobre sentido para ti.
5. **Mantenimiento.** «Perseverar», así resumiríamos esta etapa dentro del proceso de cambio: persevera, persevera, persevera y, después de haber perseverado, ¡sigue perseverando!

6. **Recaída.** De corazón te digo que no te desmoralices ni te desanimes si te caes en el camino. Que algo sea necesario, que te motive interiormente, que dé sentido a tu vida, no lo hace fácil y sencillo de alcanzar. Las recaídas en un proceso de cambio son frecuentes e incluso necesarias para hacernos ver que no todo es cuestión de voluntad, sino que todo, incluso el cambio, es un proceso.

Como ves, el proceso de cambio tiene su aquel, por lo que te propongo que seas flexible contigo mismo. Pero ¿qué significa verdaderamente ser flexible? En la física de los materiales, la flexibilidad es la capacidad de un cuerpo para ser deformado sin que por ello sufra un deterioro o daño estructural. La flexibilidad, entonces, implica que podemos realizar un cambio en nuestra vida sin que ello nos lleve a un deterioro o daño estructural de nuestra persona. Lo contrario, como te puedes imaginar, es la rigidez, que es la propiedad de aquello que no puede ser deformado, y que de serlo, porque la fuerza aplicada sea mayor, conlleva una rotura de su estructura.

En muchas ocasiones, a la hora de afrontar un cambio somos muy rígidos en el proceso: si no cumplimos los tiempos planteados, nos sancionamos; si no cumplimos las etapas que habíamos propuesto, nos sancionamos; si no cumplimos con el fin, nos torturamos, y, al final, en vez de convertirse en un proceso de crecimiento personal, se convierte en una lucha encarnizada entre lo que eres y lo que quieres llegar a ser, ¡y ese no es el sentido del cambio!

Sé realista, solo cuentas con los mimbres que tienes para hacer el cesto, así que descarta ya los «debería», «deberían», «tendría», «tendrían»... Créeme, tus mimbres son más que necesarios y suficientes para emprender este proceso, y en el caso de que a medida que vayas caminando veas la necesidad de otros, puedes plantearte parar en el proceso de cambio y adquirir el que necesitas y no tienes, siempre y cuando sea realista lograrlo.

¿Qué cambios de todos los que has reflexionado quieres abordar de manera prioritaria? Empezar por ellos e ir consiguiendo pequeños logros, y, sobre todo, que seas capaz de reconocértelos por pequeños que sean y celebrarlos, todo ello será combustible que alimentará el motor del cambio en el proceso de convertirte en persona.

Hay una pregunta que acostumbro a hacer a las personas cuando me refieren que por primera vez han logrado llevar a cabo un pequeño cambio en su vida: «Bueno, ¿y cómo lo has celebrado?». Esta pregunta normalmente les deja perplejos porque ¡no lo han celebrado! ¿Cómo puede ser esto? Con todo el trabajo que nos está llevando el proceso de cambio en cuanto a reflexión y trabajo interior, ¡¿y no vas a celebrar que en vez de gruñir a tu pareja antes del café, has sido capaz de permanecer en silencio? Sí, estoy de acuerdo contigo, no es el «hola, ¡buenos días!» con una sonrisa en los labios, que es a lo que aspiras llegar algún día, pero no deja de ser un cambio, así pues, ¿cómo lo vas a celebrar?

Ahora quiero hablarte de algo importante referido a los pequeños logros. Se trata de una ley que no sé si existirá, pero que a mí me encanta porque mi madre me la decía constantemente, y es la ley del mínimo esfuerzo. ¿Qué entiendes tú por la ley del mínimo esfuerzo? Para mí es aquel paso mínimo que soy capaz de dar para iniciar un cambio, y resulta que es el paso más importante, porque una cosa es visualizar el sentido de mi vida, llegar a concretarlo, y otra cosa muy distinta es atreverme a dar ese primer paso. Así que la ley del mínimo esfuerzo, en mi opinión, lo engloba todo.

¿Qué es lo mínimo que soy capaz de hacer para empezar el día? Poner los pies en el suelo. ¡Adelante, Marta! ¿Qué es lo mínimo que soy capaz de hacer para acercarme a esa persona? Mirarla de lejos. Pues ¡adelante, Marta! ¿Y qué es lo mínimo que soy capaz de hacer para seguir con el día? Levantarme de la cama. Pues ¡adelante, Marta! Muchas veces queremos empezar los cambios por lo más grande, voluminoso o llamativo, si bien nos vemos pequeñitos e incapaces de cambiar tan drásticamente. Pues resulta que a mí esta pregunta me ayuda muchísimo, ¿qué es lo mínimo que soy capaz de hacer para cambiar este aspecto de mi vida?, y hacer exactamente eso, lo mínimo, y después de ese mínimo, hacer otro mínimo y, poco a poco, ir caminando hacia ese cambio tan anhelado.

Este momento me sugiere otro relato:

> Había una vez una madre que no llegaba a todo. Durante un tiempo lo intentó, válgame el cielo si lo intentó, ¡con uñas y dientes! Y, efectivamente, al poco se dio cuenta de que estaba de uñas y solo enseñaba los dientes. Ella no era así, no se reconocía en esa persona, pero ¿por qué, si ella hacía todo por los demás, por su pequeña familia de cinco miembros, todos andaban siempre enfadados y taciturnos? ¡Pues porque todo se pega menos la hermosura!, y las emociones no son ajenas a este principio: si no estás bien contigo misma, si empiezas de mal humor, recuerda que todo se pega. Así que la mujer decidió reiniciar. «No hay cosa que no se arregle encendiendo y apagando», pensó, que se lo digan a los informáticos, si no.
>
> Empezó por la ley del mínimo esfuerzo. ¿Qué era lo mínimo que ese día podía hacer para cambiar el foco?, ¿comenzar el día con una buena ducha? Mientras se duchaba, pensa-

ba en las sonrisas que quería dedicarles a sus hijos y a su marido, y empezó a sonreír en la ducha, donde nadie la veía. ¿Adónde irían a parar esas sonrisas?, ¿se esfumarían? Al poco tiempo aprendió que iban a parar a ella misma, que su cuerpo las recibía como signos de felicidad y que entonces empezaba el día con mucho mejor ánimo.

Luego siguió con el siguiente mínimo que podía hacer: «Tacharé de mi lista de tareas aquellas que no son imprescindibles». De modo que tachó «me tengo que acordar de todos los cumpleaños» y lo cambió por «apuntar en el calendario Google los cumpleaños, él me los notificará», tachó «casi impoluta» y lo sustituyó por «vivir de forma ordenada y enseñar a recoger con juegos», tachó «llegar a todo *on time*» y lo sustituyó por «no llegas a todo, pero no pasa nada, los seres humanos somos así; por lo tanto, cuenta con los demás para que donde no llegues tú, tal vez lleguen ellos», y siguió tachando y tachando, pero pensando mucho en la última frase, «tal vez lleguen ellos», así que cogió a su hijo mayor y probó diciéndole: «Hijo mío, cuando dudes de si eres capaz de hacer algo, cuando la pereza te atenace y el desaliento te ahogue, quiero que pienses en esta frase: "Mamá confía en mí", y te la repitas muchas veces, desde el corazón, que es desde donde yo te la digo. Tal vez tus fuerzas flaqueen; sin embargo, siempre podrás decir: "Mamá confía en mí", y un día esa frase se transformará en: "¡Yo confío en mí!"».

A veces nos pasa que no nos vemos capaces de hacer un cambio, de terminar una tarea o de regalar una sonrisa o de mirar con ojos bien abiertos el mundo que nos parece negro. En esos momentos quiero que te digas: «Marta confía en mí», porque esto es un hecho (de lo contrario, no hubiera escrito este libro), y verás cómo tu mirada se abrirá y tu corazón se ensanchará y sabrás lo que tienes que hacer y cómo lo tienes que hacer, con cariño, respeto y humildad; sabrás que no todo se puede lograr solo, y que muchas veces tendrás que poner de tu parte y contar con otro que también ponga de la suya.

Todos tenemos una dignidad y un valor, y no es fácil vivir, ahora bien, merece la pena.

Según Rosa Belda y una servidora, estos son los fallos que solemos cometer a la hora de tomar una decisión para afrontar un cambio:

1. No tener autoconfianza, dudar de nuestra capacidad para elegir el bien.
2. No tener en cuenta ni el autoconocimiento ni nuestros valores a la hora de tomar una decisión de cambio.
3. Ir demasiado rápido, acción-reacción, no pararnos a reflexionar para entender las atribuciones que hemos hecho, o al revés, ir demasiado despacio y procrastinar.
4. Intentar tomar más de una decisión para solucionar varios problemas a la vez, y es que, querido lector, somos limitados y, aunque nos gustaría, no podemos abarcar más de lo que, siendo realistas, podemos. Así que ¡centra el tiro!
5. ¡Yo solo puedo con todo! Creer que solo necesito mi opinión para tomar la decisión o, por el contrario, que creer que mi opinión no sirve para nada si no va en conformidad con la opinión del otro.
6. Tener un sentido arácnido, es decir, tomar una decisión por una corazonada. No digo que esto esté mal, solo digo que el equilibrio entre la razón y el corazón es lo más beneficioso.

7. Verlo como un dilema (blanco o negro, sí o no) en vez de como un problema, donde la creatividad para tomar la decisión jugará un papel importante.
8. Actuar según la máxima «el fin justifica los medios».
9. Si de manera recurrente me encuentro en situaciones similares, puede que sea porque no haya llegado a la raíz profunda del problema.
10. Estar desinformado.
11. No renunciar al perfeccionismo.
12. Pretender que las cosas o las personas cambien, aunque yo siga comportándome de la misma manera.
13. Confundir el ser con el hacer. Yo sigo siendo Marta, aunque cometa errores o realice malas acciones.
14. Llevar a cabo todo el proceso de discernimiento y deliberación y quedarme siempre justo antes de tomar la acción.
15. Olvidar que el corazón y la razón siempre deben ir de la mano.
16. Evaluar el cambio solo por el resultado.
17. No asumir las consecuencias como parte enriquecedora del proceso.

No tengamos miedo a definir, afirmar y sostener nuestra esencia, nuestra identidad, para encaminarnos a vivir con sentido a través de la toma de decisiones excelsas.

CUENTO ENFOCADO 1

En la corte real se celebró un fastuoso banquete. Había tantas personas invitadas que, para poner un poco de orden, cada una debía sentarse según su rango.

Todavía no había llegado el monarca al banquete cuando apareció un asceta, muy pobremente ataviado, al que todos tomaron por un mendigo.

Sin vacilar ni por un momento, el recién llegado se sentó en el lugar más destacado, el del rey.

Indignado, el primer ministro le preguntó ásperamente:

—¿Quién eres tú para tomar ese asiento? ¿Acaso eres un asesor de su majestad?

—Mi rango es superior al de un asesor —repuso el asceta.

—¿Acaso eres un primer ministro?

—Mi rango es superior al de un primer ministro.

Hastiado y harto ante el comportamiento del mendigo, el primer ministro le dijo:

—¿Acaso eres el mismo rey?

—Mi rango es superior al del rey.

—¿Acaso eres Dios? —preguntó mordazmente el primer ministro.

—Mi rango es superior al de Dios.

—¡Nada es superior a Dios! —gritó fuera de sí el primer ministro.

—Ahora sabes mi identidad, esa nada soy yo.

Este cuento lo he sacado del libro *Cuentos que sanan* de José Carlos Bermejo, y a mí me hace preguntarme:

- ¿Cuántas veces me creo una fachada propia para no mostrarme a los demás?
- ¿Me siento segura tras esa careta que en realidad no me representa?
- ¿Qué significan para mí y cómo hacen que actúe las caretas que los demás usan?

- Con las fachadas que me presentan, ¿soy capaz de reconocer mi propia dignidad y la dignidad del otro?
- ¿Qué escondo tras ese muro?
- ¿Soy capaz de reconocerlo sencillamente?
- ¿Cambiará en algo mi comportamiento hacia mí y hacia los demás el haber leído este cuento?
- ¿Sería capaz de darle una oportunidad al otro si se mostrara sin careta?

CUENTO ENFOCADO 2

Hubo un tiempo en el que las personas se preguntaban: «¿Cómo puedo llegar a ser quien soy?». Así que un joven, interpelado por esta pregunta, decidió acudir al anciano sabio del lugar y le dijo:

—Señor, me gustaría que me enseñara a ser quien soy.

A lo que el anciano contestó:

—Querido mío, veo que tienes ganas de aprender. Sin embargo, ahora tengo que emprender un largo viaje. Cuando vuelva el año que viene, empezaremos con tu instrucción. Mientras tanto, necesito que cuides de mi huerto.

Así que el anciano se fue y el joven se quedó cuidando durante un año del huerto. Al principio no tenía mucha idea en estos menesteres, así que decidió observar, y la observación le llevó a la admiración de cómo una semilla de calabacín, de alguna manera, sabía perfectamente cómo crecer y crecer y dar lugar a una mata de calabacines con flores hermosas. A través de la observación pudo aprender qué plantas necesitaban agua constantemente y otras de vez en cuando, cuáles crecían en primavera o en otoño y cuáles eran mejores en verano o en invierno. Y, poco a poco, el tiempo fue pasando, y lo que al principio era un trabajo tedioso se convirtió en un disfrute.

Después de un año, el maestro regresó. El joven estaba muy orgulloso y contento de haber realizado su tarea, pero para su sorpresa, el anciano miró el huerto, meneó la cabeza y le dijo:

—Este huerto no tiene una cerca que lo proteja y en la casa está a punto de desplomarse el techo. Como he de volver a ausentarme durante un tiempo, este año quiero que lo dediques a lo que te acabo de decir.

El chico estaba decepcionado y con cierto malestar. Sin embargo, no quería perder la oportunidad de aprender de tan gran maestro, así que el anciano se marchó y él tuvo que lidiar con su molestia interior y su frustración. Con estas dos emociones encaró su nuevo trabajo, pero él no era albañil, no sabía cómo restaurar el techo de la casa. Durante los dos siguientes meses no pudo librarse del malestar y la frustración, pero un buen día, sentado frente al huerto, empezó a visualizar la valla y pensó: «Yo lo que realmente quiero es aprender del maestro, y ya que el único modo de aprender es realizar este trabajo, más me vale que lo haga lo mejor que pueda, tal vez incluso llegue a disfrutarlo tanto o más que cuidar del huerto. Haciéndolo así no me resultará tan laborioso». De modo que tomó las herramientas y se puso manos a la obra con un ánimo diferente. Para el techo pidió ayuda al vecino de al lado, que era albañil, y del cual aprendió el oficio.

Transcurrido el año, el maestro volvió a aparecer y le dijo:

—Verdaderamente has hecho el trabajo que te encomendé, y no es un trabajo mediocre. Ahora bien, las vigas de la casa ya no tienen los frescos que las decoraban antaño. Como yo me tengo que ausentar un año, te pido que te ocupes de eso.

El joven respiró hondo y sonrió, ya que había aprendido que afrontar una tarea con determinación, paciencia y cierto grado de ilusión hacía del trabajo una labor mucho más gratificante. Así que, por tercera vez, el anciano se marchó y el joven se quedó decorando la casa con los frescos. Dedicó toda su atención y esfuerzo y aprendió a disfrutar con lo que estaba haciendo. Tanto es así, que el año se le pasó volando.

Estando el joven pintando una de las últimas paredes, apareció el anciano por la puerta. El hombre puso cara de asombro al contemplar la belleza de los frescos, la viveza de los colores y la ligereza de las formas. El joven había pasado la prueba de la fuerza de voluntad, la paciencia, la perseverancia, el dominio del temperamento y, lo más importante de todo, la prueba de la actitud ante las frustraciones de la vida. Había aprendido a vencer al más duro y fuerte de los enemigos: él mismo.

¿Cuánto te cuesta convivir con la frustración del día a día?

¿Cuánto te cuesta postergar las gratificaciones o que los demás no sean capaces de valorar tu esfuerzo? ¿Acaso tú valoras tu propio esfuerzo como mereces?

Dicen que la paciencia y la perseverancia son ingredientes imprescindibles a la hora de afrontar el ser y el sentido de la vida. ¿Crees que esto es así?

El joven del cuento, al no recibir las alabanzas del maestro, ¿se frustró tal vez porque sus expectativas eran muy altas? ¿Por qué le afectó la indiferencia del maestro? ¿Qué te afecta a ti más?

Ejercicio 1

Mi propósito con este ejercicio es que veas cómo cambia la mirada, si sabemos mirar las cosas desde distintos puntos de vista.

Lee primero las siguientes frases de arriba abajo:

- Esta situación es insuperable.
- Es absurdo pensar que...
- vamos a salir de esto.
- Tenemos que rendirnos y dejar de luchar.
- Se equivocan quienes creen que...
- todo este esfuerzo merecerá la pena.

¿Qué pasaría si ahora lo leyeras en distinto orden?, ¿de abajo arriba?

Haz la prueba y déjate sorprender

¡Creo que este ejercicio te da la oportunidad de experimentar lo que es ser un pesimista bien informado!

Ejercicio 2

El siguiente ejercicio que te propongo tiene como objetivo hacer un proceso de introspección personal.

Dibuja una línea donde indiques los hechos más importantes de tu vida, los que han supuesto un antes y un después en tu camino, y a continuación hazte estas reflexiones:

- ¿Cuáles han sido tus motores del cambio, intrínsecos o extrínsecos?
- ¿Te ha movido la razón o el corazón?

- ¿Te dejaste llevar o iniciaste un proceso de discernimiento?
- ¿Qué valores has honrado? ¿Se corresponden con tu escala de valores?
- ¿Planteaste las situaciones como dilema o como problema?
- ¿Cuáles han sido las consecuencias?
- ¿Te costó perseverar?
- ¿Qué has aprendido de cada uno de ellos? ¿Lo has celebrado?
- ¿Cómo te han influido los demás en ese cambio?
- ¿Te ayudó alguien al discernimiento?

Nota: Puedes utilizar cualquier listado de valores que hay en internet para identificarlos, luego los puedes tachar y priorizar.

4

DE LA COMUNICACIÓN A TI

De la charla constante a la eficacia de la comunicación

Empezaremos hablando de los cuatro tipos de comunicación. Ahora imagina que tenemos un eje vertical que representa el uso de poder. Cuando dos personas interactúan y se colocan la una frente a la otra, siempre se pone en juego el uso de poder, que nunca es igualitario. Dependiendo de su uso de poder podríamos poner, arriba del eje vertical, «ser muy directivo», es decir, ejercer mucho poder sobre la otra persona, y debajo del eje vertical, «ser facilitador», esto es, ayudar al otro a que descubra sus propios recursos. A continuación, en la parte izquierda del eje horizontal situaremos el problema y en la parte derecha, la persona. Esto nos da como resultado cuatro cuadrantes y cuatro formas de relacionarnos.

El primer tipo correspondería a ser muy directivo y centrarnos en la persona. ¿Qué tipo de relación se te ocurre? Cuando uno dirige mucho al otro y está centrado en el otro,

¿lo has adivinado?, es una relación paternalista, en la que los padres deciden y controlan lo que hacen sus hijos.

Siguiendo en el cuadrante de la izquierda tendríamos una relación muy directa y con la vista centrada en el problema, es decir, yo te voy a indicar cómo vas a solucionar tu problema desde mi propia óptica. Este tipo de relaciones se llaman autoritarias y restan libertad a la persona que tiene el problema. A veces tendemos a relacionarnos así y caemos en el llamado síndrome del mesías o del salvador, por el cual intentamos por todos los medios salvar a la otra persona de sus dificultades; esto lo único que genera es dependencia e incapacita al otro para conocerse y descubrir por sus medios que puede llegar a ser el dueño de su vida.

Vayamos ahora a los cuadrantes inferiores. Si yo establezco una relación facilitadora centrada en el problema, ¿de qué tipo de relación se trata? La relación que establezco es democrática, por la que intento convencer al otro, a partir de argumentos de peso, de que lo que yo pienso, lo que yo digo, lo que yo propongo es bueno para él, aunque también acepto el diálogo. Sin embargo, si tengo una relación facilitadora pero centrada en la persona, lo que establezco es una relación empática, una relación que es capaz de hacer de espejo al otro, de ayudarle a contemplarse, a reconocerse y a identificar sus valores, sus recursos, sus capacidades y sus límites.

A lo largo de mi vida he comprobado que las personas empáticas no son agradables. Deja que me explique: no es que sean desagradables, sino que su presencia no nos resulta cómoda debido a que tienes la sensación de que el otro sabe mucho más de ti que tú mismo, pero no es más que porque te observa, te escucha, pone sus cinco sentidos a tu disposición, se olvida de él, se vacía de él para llenarse de ti y así establecer contigo una relación de ayuda.

No todas las relaciones personales tienen que ser puramente empáticas, pueden tener un principio de empatía y que la situación requiera encaminarse al paternalismo. Sería, por ejemplo, una relación padre e hijo, dado que los niños están en proceso de autoconocimiento y de conocimiento de los límites, por lo tanto sería bastante temerario utilizar en exclusiva el estilo empático con ellos, ya que hay que acompañarles a pensar y a conocer sus límites y los de los demás. Si dejamos al niño decidir unilateralmente sobre todo lo que concierne a él y a la familia, le estaremos incapacitando para convivir en el futuro con personas distintas a él. No debemos olvidar que, en una relación padre e hijo, el padre ejerce la autoridad, y la autoridad deriva del respeto y la confianza, que a su vez deriva del amor mutuo. Pero cuidado, no hay que confundirlo con el autoritarismo, que deriva del miedo y de la falta de confianza.

Sin embargo, no por mucho hablar el otro se va a enterar. Estamos tan acostumbrados a hablar desde la razón que ya no prestamos atención al corazón e intentamos argumentar, de una manera incisiva, todas nuestras actuaciones, y muchas veces nos esforzamos en convencer al otro con nuestro punto de vista. Y es que intentar convencer al otro de nuestro punto de vista, aparte de suponer un desgaste de energía enorme, representa un coste emocional alto para la relación, porque si no hay un encuentro previo, es muy difícil que ni yo ni el otro estemos en disposición de escucharnos, por lo tanto, la puesta en común se convertirá en una batalla dialéctica en la que el menos hábil, dialécticamente hablando, será el perdedor. Si, por el contrario, nos planteamos la regla de que, en comunicación, menos es más, podremos ser más concretos a la hora de expresar nuestra postura. Y si nuestro interlocutor no nos está entendiendo, es responsabilidad nuestra buscar un código o una manera en la que pueda entendernos. Responsabilizar al otro de que no está entendiendo nuestro discurso es una manera de autoengañarnos, ya que, si mi objetivo es hacerme entender, ¿no será mi responsabilidad encontrar el cómo?

Para poder comunicarnos de manera eficaz hace falta un encuentro entre dos o más personas, y por eso hay que preguntarse qué significa para ti el encuentro con el otro. Después de todo lo que hemos hablado de ti, querido lector, y del sentido de tu vida en el anterior capítulo, ya eres consciente de que al otro le pasa lo mismo, por eso te pregunto: ¿qué significa o supone para ti el encuentro persona a persona? Dado que has descubierto que tú eres singular y que eres más que la suma de todo lo que forma parte de ti, de que eres insustituible, ¡imagínate entonces tener un encuentro con otro ser igual de singular que tú! ¿No es apasionante? ¿No es la experiencia más enriquecedora y extraordinaria del mundo?

Como decíamos en «Concretando, que es gerundio», nuestra identidad la vamos descubriendo y construyendo a partir de nuestras decisiones, que, si son excelsas, nos llevarán al crecimiento personal, a ser nuestra mejor versión. Pues imagínate que, a través de la comunicación, puedas llegar a un encuentro con otro ser singular. ¿No sería digno de prestar toda tu atención?

Es ahí adonde quería llegar, a la atención. Cuando el encuentro significa para mí todo lo descrito anteriormente, entonces atrae toda mi atención de una manera natural. ¿Cómo no estar plenamente atento en un encuentro así? Solo los seres humanos somos capaces de establecer este tipo de relaciones dado que cada uno de nosotros somos singulares y lo hacemos de manera instintiva. Sobre esto Siegel llega a decir que las implicaciones de interactuar con el otro a través de la conciencia plena, que es un paso más allá de la atención plena, son fruto de la integración neural de las funciones de regulación corporal, la comunicación en sintonía, el equilibrio emocional, el ajuste del miedo, la flexibilidad de la respuesta, la introspección, la empatía, la integridad y la intuición. Por lo tanto, este mirarnos hacia dentro y hacia fuera, al otro, en el momento presente nos abre la puerta a tener una vida llena de sabiduría y bondad.

Es en estos encuentros de persona a persona donde mi intimidad se me revela a través de las emociones y pensamientos que voy teniendo y, a través de las decisiones, es como construyo mi identidad.

Conocer y construir la propia identidad nos facilita ser quienes somos y dificulta que nos dejemos llevar por el impulso del momento, incluso por las propias emociones. Alguien que sabe ser quien es no le exigirá al otro las cosas que no encuentra en él mismo. Me explico. Muchas veces le exigimos al otro que nos devuelva el valor de lo que hemos hecho. Por ejemplo, Antonio ha estado toda la mañana planchando; él considera que es lo que tiene que hacer, que «bueno, tenía un ratillo», y no le da importancia, pero cuando ve a Carmen, espera que ella se lo reconozca, le dé un valor a su trabajo. Como Carmen está muy atareada, no se ha dado cuenta del esfuerzo que ha hecho Antonio y, por lo tanto, no le ha dicho nada. Así que Antonio se ha enfadado con Carmen porque ni siquiera ha prestado atención al trabajo que ha hecho, y lo que antes no tenía mayor importancia para Antonio, ahora cobra una gran relevancia y le sirve para echarle en cara a Carmen que no le presta atención. ¿Ves lo que quiero decir? Antonio no ha puesto en valor su trabajo porque no considera que lo merezca, está frustrado por no haberlo hecho en menos tiempo o, mejor, se culpa de sentirse así; además, si lo ha hecho es porque tenía tiempo. Sin embargo, sus expectativas sobre Carmen no se han cumplido, volcando en ella toda su frustración, y, encima, llega a una generalización («no me presta atención»), por lo que el sentimiento desasosegador es mayor y personalizado.

Esto suele ocurrir en las personas que son perfeccionistas; el diálogo interior que acostumbran a tener es muy exigente, y con frecuencia sus objetivos son inalcanzables, por lo que no llegan a valorarse, a considerarse y a quererse como sería oportuno. Esto les hace vivir muchos momentos de insatisfacción personal que esperan que sean neutralizados por el otro, que, atento a la perfección de sus acciones, les devuelve un valor que ellos mismos no se dan y al que, paradójicamente, muchas veces responden con un «no, si no ha sido nada». Veremos este tipo de distorsiones cognitivas en el siguiente capítulo.

Cuando uno no ha forjado sanamente su identidad no sabe bien a qué prestar atención, le cuesta definir y decidir qué o quién va a ser objeto de su atención: ¿serán los detalles o los resultados?, ¿el problema o la persona? Por lo tanto, tienen dificultades para escucharse a sí mismos y para escuchar al otro, ya que muchas veces se centran en el problema, no en la persona, pues esto implicaría una relación de su intimidad con otra intimidad. ¡Todo está relacionado!

En consecuencia, ¡no busques en los demás lo que es preciso que encuentres en ti!

De la respuesta a la pregunta «¿qué significa para ti el encuentro persona a persona?» brotará la motivación que necesita tu atención para desarrollar la escucha. ¿Crees que saber escuchar es importante a la hora de comunicarse? Lo que nos lleva a la siguiente derivada: ¿realmente quieres escuchar? Porque cuando uno escucha, cambia y aprende, y a veces ni lo uno ni lo otro es agradable. Cuando uno escucha, hace un esfuerzo consciente por comprender al otro, y esto es difícil, requiere tiempo y energía, dos cosas de las que no andamos sobrados.

Escuchar implica la postura, la atención en el otro y el silencio exterior e interior para dejar un hueco a la verdad ajena que nos emocionará y nos interpelará, donde se verá expuesta la vulnerabilidad del otro que llamará a la puerta de nuestra vulnerabilidad y finitud. Por lo tanto, como no somos sus salvadores, experimentaremos sentimientos de impotencia que requerirán de una autorregulación emocional. En definitiva, que no vamos a salir indemnes del privilegio que supone escuchar a alguien. De ahí la pregunta: «¿realmente quieres escuchar?». La verdad, muchas veces, no es agradable y preferimos movernos en la superficialidad. Lo comprendo y no te juzgo, aunque sí te digo que para mí escuchar es un arte que merece la pena aprender.

En la película *Canta 2*, Buster, un koala productor de espectáculos, quiere saber la opinión de la cazatalentos Suki sobre su espectáculo, y esta le dice: «¿Estás seguro de que quieres que te diga la verdad? Mucha gente dice eso, pero en realidad no quieren escucharla». La verdad nos incomoda, nos interpela y nos confronta con nuestras propias creencias o limitaciones; la verdad saca a la luz sus miedos, que pueden ser los tuyos, y no tener una respuesta racional que darle.

El silencio interior, como habrás observado, es no estar pensando en la respuesta, sino centrarse en el otro y vaciarse de uno mismo, es desaprender respuestas automáticas tan arraigadas en la comunicación.

¿Quieres conocer cuál es tu estilo de comunicación? Pues te propongo hacer un simple ejercicio.

Voy a presentarte diez situaciones y seis posibles respuestas. Por favor, responde lo que te salga, sin reflexionarlo mucho, piensa que no hay respuestas correctas o incorrectas, simplemente es para que descubras tu estilo de comunicación.

I) Mujer de cuarenta años que va a ser intervenida de un cáncer de mama. «Me han dicho que el jueves que viene me operarán. Quiero que todo pase pronto, aunque temo no querer mirarme luego al espejo».

1. «Tú descansa. Estás en buenas manos, confía en los médicos. Haz lo que ellos digan y nadie notará nada después».
2. «En este mundo donde la imagen parece ser lo más importante, tú y yo sabemos que eso no es cierto, así que tranquila».
3. «¿Ya te ha explicado el cirujano en qué consiste la intervención y las posibilidades de mantener tu aspecto?».
4. «Estás preocupada por cuál será tu aspecto después de la operación y cómo te verán los demás».
5. «No tengas miedo, Carla. El tiempo va a ayudarte a hacer las paces con tu aspecto».
6. «Te preocupas más de tu aspecto que de tu salud, y eso no te conviene en este momento. Sé valiente».

II) Adolescente de dieciocho años que se presenta por segunda vez al examen de conducir. «No creo que vaya a poder pasar el examen, me pongo muy nervioso y fallo en tonterías».

1. «No te dejes abatir por el desánimo. Que el examen sea difícil se debe a la gran responsabilidad de conducir un coche, estate tranquilo».

2. «Crees que tus nervios te van a jugar una mala pasada».
3. «Lo que tienes que hacer es respirar hondo y preparártelo muy bien».
4. «No tienes que imaginarte cosas que aún no han pasado, no es bueno».
5. «Haber suspendido antes te hace no confiar plenamente en tus capacidades».
6. «Pero ¿qué es lo que te ha dicho tu profesor?».

III) Tienes un amigo de cincuenta y cinco años al que su mujer ha dejado. «¡Qué voy a hacer! Mi vida se ha terminado, yo no puedo seguir, no merezco tener a nadie a mi lado, la he perdido para siempre».

1. «¡Venga, anímate, hombre! ¿Dónde está el valor que has demostrado siempre? Ya verás como, si luchas, lo consigues».
2. «No exageres... Vamos a ver, ¿a cuánta gente tienes a tu lado?».
3. «Sientes que no eres merecedor de que nadie te quiera, ¿verdad?».
4. «Tú confía en tus capacidades y no te angusties más de la cuenta».
5. «Te angustia pensar en un futuro sin ella».
6. «El tiempo todo lo cura, aunque ahora no lo veas. Confía en mis palabras».

IV) Tu vecina viuda de cincuenta y cinco años se ha caído y se ha roto una pierna. «Mis hijos son unos desagradecidos, toda una vida cuidando de ellos y ni siquiera me preguntan qué tal estoy».

1. «Crees que te has dejado la vida por tus hijos y

ellos se han olvidado de ti y te parece injusto, ¿verdad?».

2. «¿Les has pedido ayuda directamente?».
3. «Confía en todo lo que les has enseñado, al final recapacitarán».
4. «A ver si esto pasa rápido y pronto se te cura la pierna».
5. «Sientes rabia por esta situación, no la comprendes».
6. «Sería mejor que en vez de pensar en lo que no tienes, pienses en lo que sí, y busques ayuda en el centro de salud».

V) Tu sobrino de veinticinco años ha tenido un accidente de moto. «¿Están muy enfadados mis padres? La gente dice que íbamos bebidos, pero eso no es verdad. No tuvimos la culpa. Yo solo quiero que todo esto termine, es una pesadilla».

1. «Estás asustado y te preocupa lo que te vayan a decir tus padres».
2. «¿Sabes de alguien que pueda certificar si habíais bebido o no?».
3. «¡Anímate! Esto es lento y pesado, pero siempre termina como un simple mal recuerdo».
4. «Estás preocupado por las consecuencias del accidente».
5. «Las imprudencias al volante pueden llegar a ser muy graves».
6. «Creo que deberías buscar a alguien que se ocupe de los papeles del accidente y tú te centres en cuidarte».

VI) Tu padre de setenta años está solo en el pueblo por la pandemia. «Al final siempre estoy solo, nunca vienes a verme. Los días son todos iguales. Para esto, yo prefiero morirme».

1. «No deberías pensar eso, papá, tengo que trabajar y ¡estamos en una pandemia!».
2. «Podrías salir a comprar el pan o comprarte un perro que te haga compañía».
3. «Papá, todos nos sentimos solos en esta pandemia, no seas dramático».
4. «Crees que no voy a verte porque no te quiero y soy injusta contigo».
5. «Sientes que es injusto que no vaya a verte y eso te produce una tristeza y una soledad enormes».
6. «¿Le has dicho al médico cómo te sientes para que te recete algo?».

VII) Hace un año que despidieron a tu hermano de cincuenta años. «Yo creo que encontraré trabajo, ¿verdad? Es mi última oportunidad para reincorporarme al mercado laboral».

1. «Yo qué quieres que te diga, ve a un profesional del *coaching* a que te asesore».
2. «Crees que tu vida va a terminar si no consigues este trabajo, pero nosotros seguiremos apoyándote».
3. «Al final todo se basa en querer, querer es poder».
4. «¿Cuántas entrevistas has hecho?».
5. «Si lo he entendido bien, andas entre la ilusión por encontrar un trabajo y la angustia de creer que las posibilidades cada vez son menores, ¿es así?».
6. «La esperanza es lo último que se pierde, pero si

estás con ese ánimo no vas a conseguir encontrar trabajo».

VIII) Tu compañero de trabajo, de cuarenta y cinco años, con dos hijos de un año y de tres meses, te comenta: «Va mi mujer y dice que quiere otro... Seguro que a ti te parece una tontería, pero yo no puedo con estos niños. ¿te imaginas? ¡Qué horror!».

1. «La paternidad no ha sido como te la esperabas, incluso tienes miedo a quedaros embarazados de nuevo».
2. «Tienes que tranquilizarte y dormir, eso te ayudará a ver las cosas con más claridad».
3. «Crees que tu mujer algún día te puede sorprender con que está embarazada, no confías».
4. «¿Cómo puedes pensar eso? Es tu familia, lo que más quieres en el mundo».
5. «¿Lo has hablado con tu mujer?».
6. «No tiene por qué pasar si pones los medios para ello».

IX) Tu hija de dieciséis años, a raíz de que os cambiáis de ciudad, te suelta: «¡La única que va a echar de menos esta casa voy a ser yo! ¡A ti te da igual lo que a mí me afecte! No voy a hacer más amigos».

1. «No te angusties tanto, cariño, ya verás que donde vamos a vivir harás nuevos amigos y encajarás».
2. «No crees en tus posibilidades».
3. «Si tanto te preocupa, deberías acostumbrarte a escribir cartas y así no se te haría tan difícil».
4. «Te preocupa perder a tus amigos de aquí, incluso no encajar allí».

5. «¿Acaso sabes cómo son los chavales del otro instituto?».
6. «Eres una gran amiga, tener amigas así es un valor en la vida, no te olvidarán».

X) Tu pareja de cuarenta años ha enviado por error un wasap a su jefe. «Esto me pasa porque no paras de interrumpirme todo el rato, si me dejaras tranquila, en vez de preguntármelo todo, todo el tiempo, podría centrarme en algo».

1. «¡¿Es que sigues trabajando, aunque ya no estás en tu horario laboral?!».
2. «Estás enfadada contigo misma por haber cometido ese fallo y conmigo porque crees que ha sido mi culpa».
3. «¡Vaya, lo siento! Todo el mundo puede cometer un fallo, ya verás como lo entiende».
4. «Bueno, no te preocupes, la ira no es buena consejera».
5. «Lo que tienes que hacer es eliminar el wasap y no darle más vueltas».
6. «Crees que esto va a ser un punto y aparte en vuestra relación y me echas a mí la culpa».

Comprueba tus respuestas:

	I	II	III	IV	V	VI	VII	VIII	IX	X
1	E	C	C	F	A	A	E	F	C	D
2	B	B	D	D	E	E	B	C	B	F
3	D	E	F	A	C	C	A	B	E	A
4	F	A	E	C	B	B	D	A	F	C
5	C	F	B	B	F	F	F	D	D	E
6	A	D	A	E	D	D	C	E	A	B

A) **Juicio moralizante o valorativo.** Tiendo naturalmente a confrontar la situación del otro con mis propias ideas, mis propios valores, y a decidir si el sufrimiento del otro es justo o no. Dirijo la mirada inmediatamente al cumplimiento de normas o de esquemas personales, a ideas religiosas, políticas o éticas en lugar de centrarme en la persona y sus propios significados. Esto puede poner al otro en un sentimiento de desigualdad moral y de inferioridad, y puede coartar su libertad para seguir hablando.

B) **Interpretativa.** Creo saber más del otro que lo que él mismo sabe, interpreto, descifro o adivino lo que el otro ni siquiera ha dicho y, lo que es más importante, ni siquiera se había planteado. Esto da la sensación de no haber sido comprendido, y lleva a la confusión o directamente a la irritación de la otra persona.

C) **Apoyo-consuelo.** Es una respuesta espontánea ante el sufrimiento del otro en la que, con muy buena intención, intento minimizar o apelar a una experiencia anterior para disminuir su nivel de sufrimiento, procurando desdramatizar. Es verdad que muchas veces la persona no rechaza este tipo de respuesta, pero le coloca en una situación de dependencia, o bien de no acogida, pero con cierta condescendencia.

D) **Investigación.** Normalmente el otro no me transmite toda la información porque no sabe. Es esa tendencia natural a hacer preguntas, a indagar en los asuntos del otro antes de acogerle empáticamente. Da la sensación de que me interesa más saber lo que ha pasado que la persona misma, puede dar la sensación de querer indagar o cotillear sobre aspectos de lo narrado.

E) **Solución del problema.** Es una respuesta espontánea

que se da ante el sufrimiento ajeno y que consiste en proponer soluciones inmediatas al problema planteado para así, de la manera más rápida y eficaz posible según mi punto de vista, poder sacarle de esa situación displacentera. Induce al otro a sentirse dependiente de mí, que le he dado la solución, o no termina de convencerle la solución propuesta y no se atreve a decírmelo por miedo al rechazo; lo único que quería era ser escuchado.

F) **Empática.** Es una disposición interior del que escucha a acoger la verdad del otro, vivir en el otro y, por un momento, poner su yo en pausa para poder centrarse en la otra persona y acompañarle en sus emociones y en su mundo de significados. Esta es la respuesta, como hemos visto, menos natural y espontánea, pero que realmente ayuda al otro a conocer y a situar su mundo emotivo y de significados para que tome decisiones.

Pues nada, ahora solo falta que chequees tus respuestas y que contabilices cuántas de ellas has respondido espontáneamente con mayor frecuencia y así tendrás información sobre cuál es tu respuesta natural ante el otro y poder empezar a trabajar desde ahí.

En mi opinión, los principales obstáculos para la escucha son la predisposición personal para escuchar, el miedo a no saber responder o a no hacerlo «bien», incluso a no tener respuestas, o que las preguntas del otro hablen de mi propio dolor o miedo. Para desaprender esta predisposición personal, cabe interiorizar que es el otro el protagonista de su vida y que es el que va a tomar las decisiones y que muchas veces, para prestar ayuda, «solo» se necesita saber escuchar y estar ahí.

El silencio también es fundamental a la hora de afrontar la escucha, sobre todo el silencio interior. Hay que dejar de adelantarnos al otro, de terminar sus frases, de pensar qué es lo que va a decirme, de responder por él, de dejar de pensar mi pregunta o la respuesta que voy a dar mientras el otro está hablando. Estar centrado en el otro es lo que nos ayuda a guardar ese silencio interior tan necesario.

Asimismo, el silencio exterior y las constantes interrupciones electrónicas también son un obstáculo a la escucha. Cuando se está ahí para el otro, nuestra postura y nuestro lenguaje no verbal tienen que transmitir con autenticidad la acogida. Nuestra mirada es fundamental a la hora de establecer un vínculo entre nosotros, y, por supuesto, la televisión, el móvil o las pantallas abiertas en el ordenador, por estar haciendo dos cosas al mismo tiempo, no facilitan la capacidad de escucha.

Las generalizaciones, hablar desde la superficialidad, huir de los temas comprometidos a nivel emotivo, no concretar, son otros de los problemas. Conversar con el que tenemos delante, con nombre y apellidos, la singularidad de su identidad es lo que nos interpela a acogerle en todas sus esferas: la social, la intelectual, la física, la valorativa, la emocional y la espiritual.

El tiempo también cobra un papel fundamental a la hora de escuchar. ¿Te habías parado a pensar que es el único bien que tenemos todos los seres humanos por igual? Todos disponemos del mismo tiempo, ya que ninguno somos dueños de él, no podemos acumularlo, ni regalarlo, ni prestarlo ni, por supuesto, crearlo, lo único que podemos hacer —y no es poco— es vivirlo, por eso dedicar tiempo al otro es el mayor tesoro que se le puede entregar a una persona. Un tiempo en exclusividad es un presente de un valor incalculable. Espero que estas reflexiones te ayuden la próxima vez que alguien te dedique su tiempo o que tú se lo dediques a alguien.

Es fundamental respetar el ritmo del otro; su forma de hablar, de procesar la información, de ordenarla, de emocionarse, incluso su gestión emocional, no son ni mejores ni peores que los tuyos, tan solo distintos. Tenlo en cuenta cuando escuches a alguien para no intentar imponer tu ritmo.

Asimismo, escuchar significa, en mi opinión, no solo prestar atención a las palabras que el otro dice, sino también a la intención y el significado que le da y a las emociones que los acompañan.

Carlos Alemany dice en su libro *La comunicación humana: Una ventana abierta* que somos capaces de comprender el mensaje contenido en seiscientas palabras por minuto, mientras que normalmente emitimos entre cien y ciento cuarenta; la diferencia que hay entre lo que somos capaces de percibir y lo que emitimos lo llama «tiempo libre», y es lo que normalmente llenamos de frases hechas, sentimientos, elaboración de listas, solución de nuestros propios problemas. Es decir, que si ocupáramos ese vacío mental en reconocer el lenguaje no verbal del otro, prestar atención a lo que nos dice y a lo que no nos dice, intentar comprender su mundo de significados, detectar nuestros propios juicios y emociones para mantenerlos a raya, seríamos capaces de escuchar activamente.

Según Eugene Gendlin, solo existen dos razones para interrumpir a alguien cuando se le está escuchando: una es para dar pie a que se ha comprendido lo que se está escuchando, repitiendo lo que se ha escuchado, y la otra, para pedir una clarificación de lo que se escucha.

Si estás interesado en profundizar sobre el tema de la escucha, te recomiendo que leas a Carl Rogers, Eugene Gendlin y Robert Carkhuff, incluso a Enrique Rojas en su libro *No te rindas*.

Decía Zenón de Elea que nos han sido dadas dos orejas, pero en cambio solo una boca, y yo añadiría que dos ojos para observar también.

Como has podido apreciar, querido lector, escuchar no es una actividad innata en la persona, ni se desarrolla de manera espontánea; requiere compromiso personal y mucha energía para llevarla a cabo. Por lo tanto, como decíamos en el capítulo 3, hay que encontrar una motivación intrínseca hedonista para querer realizar dicho esfuerzo. De ahí la pregunta que inició toda esta explicación: ¿qué significa para ti el encuentro con el otro?

¿Te has sentido alguna vez verdaderamente escuchado?, ¿has experimentado la satisfacción, el alivio, el consuelo, la confianza, el vínculo que se genera entre ti y la persona que te escucha, a la hora de poder explorar tus propias preocupaciones, situaciones complicadas?, y ¿cómo esto te ha ayudado a ser quien eres y a tomar decisiones en consecuencia?

Decía Carl Rogers que todo lo que había aprendido en su vida lo había hecho a través del difícil arte de escuchar:

> El primer sentimiento simple que quiero compartir con vosotros es lo que disfruto cuando realmente puedo escuchar a alguien. Escuchar a alguien me pone en contacto con él, enriquece mi vida. A través de la escucha he aprendido todo lo que sé sobre los individuos, la personalidad y las relaciones interpersonales... Esa experiencia la recuerdo desde mis primeros años en la escuela secundaria. Un alumno formulaba una pregunta y el profesor daba una magnífica respuesta a otra pregunta totalmente diferente. Siempre me invadía una sensación de dolor y angustia: «Usted no le ha oído»

era la reacción que me producía. Sentía una especie de desesperación infantil ante la falta de comunicación que era —y sigue siendo— tan común. La segunda cosa que he aprendido y me gustaría compartir con ustedes, es que me gusta ser escuchado. Innumerables veces en mi vida me he encontrado dando vueltas a una misma cosa o invadido por sentimientos de inutilidad y de desprecio. Creo que he sido más afortunado que muchos al encontrar, en esos momentos, a individuos que han sido capaces de escuchar mis sentimientos más profundamente de como los he conocido yo escuchándome sin juzgarme ni evaluarme...

Peleas, desencuentros, incomprensión. ¿Tan difícil es entender lo que estás diciendo?

Muchas veces hablamos como pensamos y nuestros pensamientos están algo distorsionados, ya sea por experiencias previas que han marcado un esquema de pensamiento, nuestra falta de autoconocimiento y, en definitiva, de autoestima, o bien porque hemos heredado o aprendido un esquema de pensamiento de nuestros padres que forma parte de nuestra lengua materna.

Lo que voy a presentarte a continuación está integrado en la terapia racional emotiva, porque creo que sus esquemas de pensamiento nos pueden ayudar. La teoría fue propuesta y desarrollada por Albert Ellis en 1955, quien afirmaba que localizar estos esquemas de pensamiento erróneos facilitaría trabajar sobre ellos. Te indicaré los más comunes ya que a mí me dieron cierta luz a la hora de poner en valor mis propios pensamientos:

- Pensamiento «todo o nada» o dicotómico: todo se interpreta en términos absolutos, sin matices; «nunca», «jamás», «siempre», «nadie» y «todos» son sus palabras características.
- La sobregeneralización de un hecho concreto se extiende a todo lo demás; por ejemplo, si me dice que no quiere venir al cine es que no quiere hacer ningún plan conmigo.
- Filtro mental o abstracción selectiva: nuestra mente solo se centra en los aspectos más negativos de una situación. Por ejemplo, estar disfrutando de tu fiesta de cumpleaños y ver solo las cosas que no están marchando como a ti te gustaría (se han acabado las palomitas, la música es un desastre, la gente se está yendo antes de tiempo) y todo ello lo extraes de esa amiga que se ha tenido que ir por una emergencia.
- Personalización: atribuirse toda la responsabilidad o creer ser la causa de todo hecho negativo. Por ejemplo, pensar que no te van a contratar porque, durante la entrevista, el entrevistador recibió una llamada y cuando volvió a entrar en la sala tenía un gesto preocupado. Los niños todavía no saben diferenciar entre los actos y su persona; si reciben todo el día sanciones sobre sus actos, llegarán a creer que son malas personas.
- Magnificación o minimización: es una valoración desproporcionada por exceso o por defecto de un hecho. Por ejemplo, has roto con tu pareja y dices: «Ya me he quedado sola, nadie me va a querer, no soy capaz de encontrar a esa persona».
- Razonamiento emocional: interpretar las situaciones según como yo me siento. Por ejemplo, si estoy enfadada es porque tú has hecho algo para enfadarme; yo

siento que esa situación me supera y eso es porque verdaderamente no tengo capacidad de superarla.

- Pensamiento catastrofista: pienso en lo peor que puede pasar en cada situación. Por ejemplo, si no ha venido es porque no le importo.
- Interpretación del pensamiento: la persona cree saber lo que los otros piensan de lo que está diciendo. Por ejemplo, el otro dice que ya ha terminado la secadora y yo interpreto que me está echando en cara que no haya puesto a tender la ropa.
- Los «debería que» o «tendría que» es una forma de hablarse en la que la persona se exige actuar (incluso ser) de una determinada manera. «Debería elaborar todos los platos sin azúcares añadidos para ser buena madre».

Yo añadiría un esquema de pensamiento más a los propuestos por Ellis, y es el deseo de la adivinación del pensamiento. Muchas veces deseamos que el otro nos lea el pensamiento o interprete correctamente todas las señales que le estamos enviando, y créeme si te digo que eso no es tan sencillo; por lo tanto, deshagámonos de la idea de que es mejor o más romántico o hace mejor persona que el otro adivine nuestros pensamientos, ¡esto solo dificulta aún más la comunicación entre dos personas!

Ten en cuenta que todas estas distorsiones cognitivas pueden afectarte a la hora de comprenderte, porque no es tanto que el otro no te comprenda, sino ¿cuánto te comprendes tú a ti mismo?

Otro aspecto que nos suele complicar la comunicación es el hecho de referir nuestros límites sin herir, como vimos en el capítulo 2.

Imagínate la situación en que quiero que unos niños pequeños guarden silencio. Les puedo decir: «Como hagáis ruido y despertéis a vuestros hermanos os vais a enterar». ¿Cómo suena esta frase realmente? ¿Es una amenaza o intenta coartar su libertad? A las personas libres nos suele molestar que nos condicionen, por eso los condicionales no terminan de funcionar en la comunicación eficaz. Otro ejemplo: si yo digo: «Si quieres permanecer en este puesto de trabajo, tienes que terminar esta tarea en tres días», no deja de ser una amenaza, con lo cual ya va a generar emociones negativas en el otro, y ya hemos visto que las emociones negativas influyen negativamente en la realización de tareas, por lo tanto no son buenas compañeras de viaje, ya que la persona asimila la realización de ese trabajo como una imposición, como una lacra, como un lastre, como algo tedioso. No estoy proponiendo que en el trabajo todo sean alegrías, ni mucho menos, pero sí abogo por poder disfrutar de las pequeñas cosas y, planteándolo de esta manera, en ningún caso se va a poder disfrutar. Esto es importante porque, cuando uso un condicional, una de las partes va a asimilarse con algo bueno y la otra, con algo malo. Esto lo puedes aplicar a la gestión de equipos o a la gestión de tu propia familia o de un grupo de amigos. ¿Cuán diferente sería si añadieras la empatía a la frase: «Necesito este trabajo terminado en tres días»? Sería algo así como: «Sé que no te estoy dando mucho margen para terminar el trabajo, pero necesito que hagas lo posible por tenerlo listo en tres días». ¿Qué te parece?

A continuación, veremos varias formas de ser asertivos. Recuerda que la asertividad es ser capaz de hablar de mis valores, necesidades, principios y límites acogiendo y respetando al otro. Con gran frecuencia la asertividad está asociada con alguien intransigente, con alguien que no sabe dar su brazo a torcer, que es poco flexible, incluso con alguien iracundo, ¡y nada tiene que ver con eso! La asertividad es ser capaz de decir «no»; en realidad, todos somos capaces de decir «no», ¡hasta el que solo sabe decir «sí»! Cada «sí» implica un «no», igual que cada «no» implica un «sí»; es decir, si yo digo «sí» a los planes de los demás, estoy diciendo «no» a mi propio descanso. La asertividad me ayuda a saber respetar al otro y a respetarme a mí mismo, a no tener que renunciar a mis valores en favor del de enfrente. Una manera de ser asertivo es saber hablar de mis emociones, tal y como hemos visto en el capítulo 2. Otra forma es a través del «banco de niebla», «el disco rayado» o «el sándwich», como veremos a continuación:

Banco de niebla: imagina que uno va conduciendo y le cae un banco de niebla encima, lo que impide su visión; por lo tanto, instintivamente levantará el pie del acelerador. Pues ocurre lo mismo cuando tenemos una conversación importante con alguien y vemos que nuestras propias emociones y nuestra gestión hacen que nos aceleremos demasiado y decimos cosas de las que tal vez luego nos arrepintamos, de modo que levantamos el pie del acelerador y decimos algo como: «Sé que esta conversación es importante y veo que me está doliendo mucho, tanto como para no pensar con claridad. Si te parece, mañana continuamos».

Disco rayado: consiste en usar la fórmula de empatía y límite repetida *n* veces dada la insistencia de tu interlocutor (a una persona adulta normalmente no hay que decírselo más de tres veces). Por ejemplo, alguien te propone ir al cine y a ti no te apetece nada o no tienes tiempo en ese momento, entonces puedes decir algo como: «Veo que te apetece muchísimo ir al cine, sin embargo, yo tengo que terminar este trabajo». Aun así, el otro insiste, por lo que replicas: «Debe de ser buena la película, y me encantaría poder acompañarte, si bien ahora tengo que terminar lo que tengo entre manos».

Sándwich: desde la acogida del otro, sería poner un límite y dar una alternativa en la situación anterior. Siguiendo con el ejemplo anterior: «Como veo que te apetece muchísimo ir al cine a ver esta película, aunque yo ahora estoy terminando este trabajo, ¿te parece bien si miramos las sesiones de mañana a ver cuál nos encaja para ir?».

Como ves, son maneras eficaces de poner un límite porque parten de la acogida del otro y de mi propia comprensión.

Otro punto a tener en cuenta es que nos resulta más fácil ver en el otro lo que necesita cambiar, lo que le hace daño, lo que no es razonable, lo que le haría mejor persona. Lo que mejoraría nuestra relación respecto al otro a veces se nos hace tan evidente que ¿cómo no empezar por ahí?, ¿cómo no empezar proponiéndole un cambio de mirada?

Si algo he aprendido en todos estos años es que el cambio empieza por uno mismo y que este podría empezar preguntándome: ¿por qué me molesta tanto esta debilidad del otro?, ¿por qué me causa tanto desasosiego que no se hagan las cosas como a mí me gustan?, ¿por qué siento que estoy a la defensiva? El proceso de autocomprensión y de autoconocimiento es fundamental a la hora de plantearse un encuentro con el otro.

Muchas veces las tensiones internas no resueltas, los procesos internos, de afrontamiento de una dificultad no localizados, nos ponen, de manera inconsciente, en un estado de alerta, de irritación mantenida, y esto nos predispone a que en la propia convivencia volquemos, en hechos concretos o en el otro, toda esa irritación que mantengo hacia mí y hacia esa tensión interna no resuelta.

Para exponerlo de un modo más sencillo, voy a ponerte un ejemplo. Tenemos a Javier y a Miguel, que son compañeros de trabajo. Entre ellos había una relación cordial y eran capaces de trabajar en equipo, pero de un tiempo a esta parte, Javier y Miguel son incapaces de trabajar juntos.

Empezaremos con el proceso de Javier. Es hijo único y sus padres viven en un pueblo al sur de Marruecos. Son dos personas de edad avanzada y están viviendo una situación precaria. Javier está centrando todos sus esfuerzos en poder ayudarles, pero no puede cambiar la situación física, mental, social, incluso sanitaria que les rodea. Javier se siente muy culpable por no poder hacer más por ellos y su realidad diaria le enfrenta constantemente a las carencias de sus padres. Por otro lado, Miguel es el pequeño de tres hermanos y, por circunstancias familiares, es el único que se encarga diariamente de cuidarles. De hecho, se ha trasladado a vivir a la casa de ellos y ha puesto entre paréntesis su vida personal, dado que a su madre le quedan pocos meses de vida. Es verdad que Miguel hace todo lo posible por ayudarles, pero su trabajo en la banca de inversión no le permite conciliar.

En esta situación, tanto Javier como Miguel están sobrellevando un sufrimiento grande, incluso están viviendo una situación de duelo anticipado. El sufrimiento está distorsionando su relación laboral: Javier echa la culpa a Miguel de no implicarse suficiente en obtener los resultados, por lo tanto, no están cobrando el cien por cien de los bonus, y Javier no puede enviar todo el dinero que quisiera a sus padres. Por otro lado, Miguel echa la culpa a Javier de no implicarse todo lo que debería, ya que él podría irse antes a casa y podría cuidar de sus padres.

De todo este conflicto me interesa resaltar lo fácil que resulta desde fuera apreciar la humanidad del sufrimiento que padecen Javier y Miguel, las semejanzas que hay entre sus vivencias, teniendo en cuenta que cada una es radicalmente distinta. ¿Qué pasaría si tanto Javier como Miguel, en vez de ver al otro como un rival, como una dificultad a resolver, se vieran como lo que son, seres humanos sufriendo? ¿No sería más sencillo el encuentro si lo hicieran desde lo que les une, en vez de plantearlo desde lo que les separa? ¿No sería más sencillo el encuentro de persona a persona y no desde el problema de Javier al problema de Miguel?

En este caso vemos claramente que tanto el uno como el otro están sufriendo, pero ¿qué pasaría si solo fuera Javier el que estuviera sufriendo por sus padres y, por miedo a afrontar sus propias angustias, no contara con Miguel y no le confiara su dolor?

Como vimos al principio, las emociones vienen para quedarse, y tienen mucho que decir. Por lo tanto, el Javier-doliente sería el que va a la oficina, el que trabaja y, al final, ese dolor se manifestaría por algún lado afectando a Miguel, y este, dado que no ha habido un encuentro persona a persona, verá a Javier como un problema, no como la persona que es, y ya vimos en el capítulo anterior qué ocurre si, en vez de ver a la persona, vemos el problema.

Así que, por un lado, cabe preguntarse con honestidad, sin miedo, qué hay detrás de mi propia irritación, de mi propia suspicacia, de mi irritabilidad o de mi habilidad emocional. Con frecuencia volcamos en el otro la incomprensión que sentimos hacia nosotros mismos y la relación se resiente por no saber afrontar nuestros propios fantasmas, baja autoestima o asuntos no resueltos, que al ponernos en relación con los demás salen a la luz y me cuestionan.

Por otro lado, yo, que me dedico a acompañar a las personas en sus procesos de cambio, puedo decirte que el principio de todo cambio siempre es la creación de un vínculo de confianza, de respeto, que dignifica a las dos personas del encuentro, no nos hace a uno guía y al otro seguidor, sino que nos convierte en acompañantes el uno del otro, en una parte del camino, y a través de ese vínculo acompañamos al otro a explorar sus propios miedos y dificultades, su vulnerabilidad, y, una vez ahí, a discernir sobre los pequeños cambios que considera necesario hacer en su vida.

Es preferible que los cambios sean adelantando, poco a poco, pequeños pasitos antes que favorecer grandes fracasos.

El proceso de escucha, como ves, es consciente y voluntario, donde uno, de manera generosa y altruista, se pone al servicio del otro. Esto no pasa de manera espontánea; en las relaciones personales no estamos dispuestos a ponernos entre paréntesis y estar ahí para el otro, porque priorizamos nuestros razonamientos y nuestras emociones a los del otro. Parece que mi sufrimiento es mayor o de mayor importancia y, hombre, para mí sí lo es, que soy el que lo padece. Sin embargo, esto no quiere decir que sea así realmente.

Hay una herramienta que a mí me gusta mucho emplearla en momentos de conflicto interpersonal. Dado que yo conozco mis propias emociones, mis razones y mis condiciones a la hora de abordar dicho conflicto, porque yo me autoconozco, usaré esta herramienta para saber del otro cuáles son sus motivaciones, sus emociones y sus razonamientos a la hora de abordar el conflicto que tenemos.

El primer paso es contar con el otro, y contar con el otro implica que no nos vamos a poner a hablar sobre el problema cuando yo quiera, sino que hasta para eso voy a contar con él y le voy a decir: «Funlanit@, necesito hablar contigo sobre el tema X. Por favor, cuando tengas un momento, avísame». Algo muy distinto de empezar con un «entra en mi despacho, que vamos a hablar de este asunto».

El segundo paso es la escucha. Escucho cómo la otra persona afronta el conflicto, cuáles son los puntos claves de lo que manifiesta, incluso ser capaz de resumir, con mis propias palabras, lo que ha expresado, evidenciándole que le estoy escuchando. No se trata de hacer de mera «caja de resonancia» y repetir exactamente lo que el otro ha dicho, sino extraer los puntos más relevantes (por medio de la atención y la observación) y transmitirlo con mis propias palabras.

El tercer paso consistiría en captar el *backup* emocional que hay detrás de todo lo que me está contando. ¿Recuerdas que no solo es importante escuchar las palabras, sino también el significado que tienen, la intencionalidad con la que se dicen y la emoción que acompañan? Esto me pone en contacto con su mundo interior, captando el lenguaje no verbal y el verbal y los sentimientos explícitos e implícitos, resumirlos y devolvérselos. Así le estaremos ayudando a conocer su propio mundo interior para luego poder descubrir el significado que le está asignando a los hechos.

En cuarto lugar, ser capaz de expresar de manera concreta mi punto de vista, no solo mi razón, sino también mis emociones, de una manera asertiva, sin dañarle y renunciando a pretender que el otro me comprenda puesto que el ejercicio lo estoy haciendo yo.

El quinto paso consistiría en proponer soluciones creativas para abordar el conflicto, y que sea el otro el que empiece. En este punto es primordial no juzgar ni valorar las propuestas, pues el proceso de comunicación y el encuentro se romperían. Ahora solo se trata de usar la creatividad, motivada por las emociones positivas que se generan tras haber experimentado el encuentro a través de la escucha, para buscar múltiples soluciones al conflicto.

El sexto paso sería definir qué decisiones no son aceptables para solucionar el conflicto, y, como antes, es el otro el que debe empezar a descartar. Si, llegados a este punto, se alcanza un arreglo intermedio y ambos nos comprometemos a cumplir lo pactado, ya será todo un éxito. De no ser así, en un tiempo previamente establecido (por ejemplo, dos semanas), se puede volver a revisar el proceso, pues tal vez no hayamos sido capaces de escucharnos plenamente.

Te habrás percatado de que este proceso no consiste en salirse yo con la mía ni el otro con la suya, se trata de poner en contacto nuestras intimidades y, desde ahí, caminar juntos hacia un objetivo común que al mismo tiempo nos motive y nos comprometa.

La responsabilidad de que el mensaje sea comprendido es del emisor, no tanto del receptor; es decir, yo quiero asegurarme de que se me ha comprendido, para lo cual hay distintas fórmulas:

- Hacerme responsable de mis emociones («yo me siento...», «a mí me molesta...», «a mí no me gusta...») que no uso ni como motivo de discusión ni como arma arrojadiza. Es decir, si Marta se encuentra incómoda en presencia de María, es Marta la que se tiene que plantear por qué o para qué se está sintiendo así, a qué le predispone esa emoción y cómo puede gestionarla. Concretamente, ¿qué hace sentirme así?, ¿es una característica de María?, ¿por qué?, ¿porque la envidio?, ¿porque yo ya la superé?, ¿porque me han enseñado que es intolerable?, ¿estoy juzgando al otro?, ¿por qué razón?, ¿me confronta con mi propia limitación?

- Usar el «veo, veo, ¿qué ves?», ser muy concretos a la hora de hablar, evitar las generalizaciones y las exageraciones o las minimizaciones (entre ellas, la adivinación). En ese juego nos fijábamos en una cosa muy concreta, ¿verdad? Pues esto es lo mismo; cuando yo entro en el salón y veo un plato encima de la mesa, puedo decir: «Veo un plato encima de la mesa» o, por el contrario, puedo decir: «¡Ya está otra vez el salón hecho una porquería!». El «veo, veo» es una manera fantástica de ajustar nuestras emociones a la realidad y de evitar las elucubraciones o interpretaciones del otro sobre lo que yo estoy diciendo.

Como comentamos en el capítulo 2, ten en cuenta tu grado de activación emocional, porque no es lo mismo haber cultivado la calma y la serenidad, la sensibilidad hacia la belleza y hacia lo bueno, que no haberlo hecho. Mi grado de activación emocional afectará a la mirada con la que perciba el mundo que me rodea.

Lo siguiente que yo propondría sería huir antes de herir. Con «huir» no me refiero a cerrar la puerta y no mirar atrás, sino a tomarse un tiempo de reflexión, un momento para estar en soledad, para estar con nuestra intimidad y arriesgarnos a explorar la situación aversiva. Incluso permitirnos fantasear con las distintas situaciones que se nos ocurran, para así lograr una distancia emocional con el hecho aversivo que me dará una perspectiva distinta de la situación, permitiéndome tomar una decisión más reflexiva y menos impositiva.

En psicología humanista, esta toma de distancia se denomina «pausa revolucionaria», que no es más que permitirse un stop antes de hablar o antes de actuar para tomar conciencia de uno mismo, de cómo me siento, de cómo estoy interiorizando lo que está sucediendo y de cómo yo quiero actuar realmente. Recuerda: cada una de nuestras acciones reflejan quién soy o quién quiero ser.

Por último, me gustaría hablar del silencio productivo, que podríamos asemejar a una vasija de barro: sirve para guardar en su interior verdades que capta del otro para luego, con el tiempo, darles salida a través de sus poros. Es un silencio fructífero, que deja espacio al encuentro, que frena las prisas diarias, que da lugar a un *kitkat*, un oasis en medio de la exigencia y la reactividad.

Hay un ejercicio que propongo a las parejas y que consiste en sentarse el uno frente al otro, en silencio durante cinco minutos, y que intenten transmitirse un mensaje con las miradas... y te aseguro que puede pasar de todo: personas que no lo resisten, que acaban abrazadas, que se les hace pesado, que no llegan a entender nada, que «descifran» el mensaje a la perfección, que se emocionan hasta las lágrimas, que les entra la risa floja, que se enfadan ante la propuesta por considerarla «una pérdida de tiempo»... Como digo, he visto de todo. ¿Has hecho la prueba? «La pura observación es transformadora», dijo Simone Weil. En el siguiente capítulo veremos más sobre el lenguaje no verbal.

Un experto en el silencio fructífero es Pablo d'Ors, y en su libro *Biografía del silencio* dice que «la meditación silenciosa conduce al encuentro con uno mismo».

He de recordar que el silencio es el espacio, el encuadre que posibilita el encuentro, ya sea con uno mismo o con el otro.

El silencio tiene varias funciones:

1. Generar expectativa es un tipo de silencio en el que conscientemente dejamos un espacio para captar la atención del otro para después hablar y desvelar.

2. Generar un espacio de reflexión para dar tiempo a asimilar lo que se ha dicho.
3. Para demostrar atención sobre la persona que está hablando, darle un espacio confortable para que se exprese.
4. Por desinterés o temor, muchas veces el silencio refleja que no me interesa lo que estoy escuchando o que temo decir algo o evito el conflicto.
5. Por propia inseguridad y no saber qué responder.
6. Para aprobar o contradecir lo que el otro está proponiendo.
7. Para hacer hablar e incomodar a la persona que no resiste estar en silencio.

Mi propuesta es que, si no puedes llenar el silencio de manera fructífera, callar es una alternativa adaptativa.

En este punto de la comunicación, tener en cuenta la pirámide de necesidades de Maslow es un acierto. Maslow decía que, conforme se van cubriendo las necesidades más básicas, la persona puede desarrollar necesidades y deseos más elevados.

Las necesidades más básicas son las fisiológicas, y entre ellas hay una que para mí es primordial, tal vez por mi propia idiosincrasia: el descanso. Créeme si te digo que el descanso es crítico a la hora de afrontar un encuentro. Si un problema te quita el sueño, primero recupera ese sueño y después intenta abordar el problema. Parece fácil, blanco y en botella, pero no sabes la de gente que no hace caso a las señales que le manda su cuerpo a la hora de afrontar una conversación, y esto les conduce a la ruina, al desencuentro, a los reproches, a no escuchar al otro porque, total, tampoco soy capaz de escucharme a mí...

Lo ideal sería lograr entre siete y nueve horas de sueño diario, aunque la media habla de que solemos dormir siete horas. ¿Cómo cuidas tu sueño?, ¿cómo lo favoreces?, ¿sabes alguna medida de higiene del sueño? Yo te voy a enumerar siete:

1. No tomar sustancias excitantes y cenar ligerito.
2. Mantener horarios del sueño regulares.
3. Evitar, en la medida de lo posible, el ejercicio físico antes de irse a dormir.
4. La cama es para dormir, no para leer, ver la televisión, estar con el móvil...
5. Evitar las luces brillantes a última hora de la tarde y por la noche, para así favorecer nuestro ciclo circadiano.
6. Un ambiente adecuado en cuanto a temperatura y comodidad.
7. Seguir conductas relajantes. A mí me gustan los ejercicios de relajación de Jacobson, escuchar música binaural o llevar una rutina en la que el cuerpo y la mente sepan que te estás preparando para ir a dormir.

Por lo tanto, encontrar un ambiente tranquilo, confortable para ambos, un espacio de tiempo reservado, contar con uno mismo y con el otro, en todas nuestras esferas, favorece la comunicación.

Dale Carnegie decía: «Al tratar con la gente recuerda que no estás tratando con criaturas de lógica, sino con criaturas de emoción». Por eso dale espacio al corazón cuando quieras llegar al encuentro con el otro.

Para acabar, debo decir que a veces, por muy buena intención que le pongamos al asunto, no somos capaces de hacernos entender. Si llegamos a este punto, es bueno que nos planteemos la necesidad de ayuda de un tercero. En los países anglosajones es muy frecuente la figura del mediador. Son personas con formación específica para mediar en los conflictos interpersonales, facilitan el encuentro entre personas porque muchas veces la carga emocional es demasiado grande y se nos hace una bola.

¿Cómo aceptarías tú la presencia de una tercera persona? Si está capacitada y sabe usar herramientas eficaces, puede clarificar, aproximar y acompañar en el encuentro a dos personas que están distantes y que tienen la voluntad de encontrarse.

¡No dudes en pedir ayuda si verdaderamente la necesitas!

Así ocurrió en la historia que te voy a relatar:

En los grandes mercados de la India, Jassim vendía afanado las hortalizas que cultivaba en el huerto familiar para poder tener dinero y alimentar a su madre y a sus dos hermanas. Ocurrió que un día, en el mercado, Jassim se encontró una pequeña bolsa de cuero rojo tirada al lado de su puesto; se agachó a recogerla y quedó estupefacto al observar su interior. ¡Cincuenta monedas de oro! ¡No había visto tanto dinero junto en su vida! Por un momento agradeció su buena fortuna, pero, acto seguido, se preguntó: «¿Y si piensan que la he robado? ¿Y si la persona que la ha perdido necesitaba el dinero para saldar una deuda? ¿Cómo le afectará que me lo quede yo?».

En esas estaba cuando tomó la decisión de esperar a que alguien viniera a reclamar la bolsa. Transcurrió el día en aparente calma y, cuando cayó la tarde, vio a un mercader con la angustia reflejada en la cara escudriñando por los puestos. Al momento, Jassim supo que era la bolsita de cuero lo que buscaba, así que se acercó y le dijo:

—Señor, ¿está usted buscando algo?

—Sí, hijo, estoy buscando una bolsita de cuero.

Jassim le mostró la bolsa, y el hombre puso los ojos como platos, pero la alegría reflejada en su rostro rápidamente se ensombreció por los pensamientos que le cruzaron por la mente: «Si reconozco que esta bolsa es mía, deberé de darle una notable recompensa por su honestidad, y si no reconozco que esta bolsa es mía, el chiquillo se quedará con todo el dinero». Así que decidió coger la bolsa de Jassim, miró su interior y le dijo:

—¡En esta bolsa había cien monedas de oro! ¿Dónde está el resto del dinero?

Jassim se puso nervioso, dado que él no tenía el dinero que le faltaba al hombre y tampoco tenía manera de pagárselo.

Estuvieron discutiendo durante un rato largo hasta que al final decidieron ir al juez.

—Si lo he comprendido bien, el mercader afirma que esta bolsa es suya.

—Sí, su señoría —dijo el mercader, satisfecho de que se reconocieran sus bienes.

—Y si lo he comprendido bien, su bolsa tenía cien monedas de oro.

—Así es, su señoría.

—En ese caso está claro que esta no es la bolsa del mercader, ya que solo contiene cincuenta monedas de oro. Vamos a hacer una cosa: esperaremos dos días más a ver si aparece una bolsa con cien monedas de oro; de ser así, el mercader recuperaría su dinero. Esta bolsa con las cincuenta monedas de oro me la voy a quedar dos días. Si alguien viene a reclamar una bolsa de cincuenta monedas de oro, se la daré; de no ser así, dentro de dos días le entregaré esta bolsa a Jassim como recompensa a su honestidad.

Naturalmente, nadie fue a reclamar la bolsa con las cincuenta monedas.

Como vemos en este relato, el mercader y Jassim no llegaron a un acuerdo porque había intereses ocultos (también llamados «agendas ocultas»), por parte del mercader, que la presencia de un tercero (el juez) sacó a la luz.

Comunicamos hasta cuando callamos, o mucho más cuando callamos

Ya te habrás dado cuenta de que la comunicación es un temazo. Si hay dos pilares que sostienen toda relación personal, estos son la comunicación y los hechos. A la comunicación le damos importancia «de boquilla», pero ¿quién ha empleado su tiempo en aprender a comunicarse? Con que hablemos el mismo idioma nos damos por satisfechos, ¡y eso no es así! Hablar en un mismo idioma lo único que permite es oír las palabras que el otro nos dice, pero no conocer el significado que el otro les da, la intención con la que nos las está diciendo y la emoción que acompañan al lenguaje verbal.

Por un lado, decimos «las palabras se las lleva el viento» o bien «no me digas que me quieres, demuéstramelo», y por otra parte tenemos el «nunca me dices que me quieres» o «es que ya no hablamos». Las palabras dan forma a nuestro mundo interior, dan sentido y significado a todo lo que vivimos en el mundo exterior, pueden llegar a unir, calmar y sanar, pero también son la base de la violencia, la injusticia o el sinsentido de uno mismo y de los que nos rodean, así que debemos ser conscientes de esto. Elige adecuadamente las palabras con las que nombras distintas realidades, porque pueden llegar a cambiarlas, para bien o para mal.

Hay muchas maneras de comunicarse con el otro. La que

yo he experimentado como más eficaz es a través de la empatía, y la empatía tiene cuatro pasos:

1. Identificación de las emociones: tengo que saber qué emoción me está transmitiendo la otra persona, qué está sintiendo.
2. Acogida de esa emoción: aceptar esa emoción, por desagradable que sea, que está sintiendo la otra persona.
3. Integración: algo de esa emoción me va a conmover, va a moverse dentro de mí, va a exigir de mí unos recursos personales para poder gestionarla.
4. Separación: no sería lógico que yo me hundiera en el pozo de la otra persona y, al final, no pudiera ayudarla.

¡Esto es la empatía! Como ves, no es un proceso sencillo, ni sale de manera automática. Aunque, en realidad, no es tan difícil. Hay que empezar por admitir en uno mismo las emociones negativas, displacenteras, que está sintiendo el otro, y saber que perder el trabajo te cambia la vida, que la muerte de tu perro es doloroso o que perder las llaves de casa es un quebradero de cabeza. Todas estas situaciones generan emociones, emociones negativas, pero estamos tan inmersos en el mundo de la autosatisfacción, de la resolución inmediata de problemas, que no damos espacio a sentir frustración, desamparo e incomprensión, duda, miedo, enfado y muchas otras emociones que intentamos esconder, minimizar e ignorar, sin mucho éxito, la verdad, ¡pero por intentarlo que no quede!

Así que, cuando uno calla, es capaz de percibir en el otro no solamente lo que nos está diciendo, sino mucho más, y esa es una información valiosa a la hora de responder y dar una respuesta que le auxilie y alivie, aunque no me satisfaga a mí, personalmente.

¿Cómo sería ejercer la empatía en tus relaciones personales?

¿Cómo sería si, al ejercerla, no consiguieses «despegarte» de las emociones ajenas?

¿Te ha pasado alguna vez?

Pues sigue leyendo, porque creo que te ayudará.

Por lo tanto, la empatía es

> «la acción y capacidad de ser sensible a, comprender o darse cuenta de los sentimientos, pensamientos y experiencias de otra persona, sin que estos sentimientos, pensamientos y experiencias hayan sido comunicados de manera objetiva o explícita».
>
> José Luís González de Rivera

La actitud empática hacia el otro disminuye su cortisol y aumenta la oxitocina, lo cual ayuda a aliviar el sufrimiento y reconforta a la persona.

Un erróneo manejo de la empatía puede dar lugar al contagio emocional, incluso a la identificación emocional con el otro.

Llegar a esto puede dar lugar al síndrome del quemado o *burn out*. Unir la vulnerabilidad del otro con mis limitaciones produce el sentimiento de impotencia, que si se mantiene en el tiempo puede originar un síndrome de agotamiento, de despersonalización hacia el otro y de reducida realización personal.

El *burn out* aparece en personas que trabajan en contacto con la gente.

Dansi y Mariani los definen como «un tipo de defensa patológica ante el estrés y la frustración». Pero ¿cómo se llega hasta aquí?

- Fase 1: un entusiasmo idealista (puedo creerme omnipotente).
- Fase 2: el conflicto y la tensión como consecuencia de la lucha constante entre mis esfuerzos y los resultados obtenidos.
- Fase 3: el *burn out*, donde habría un cambio de actitud y del comportamiento por mi parte, y aparecería el desinterés, la desmotivación, la rigidez y la falta de humanización.

¿Cómo puedo prevenirlo?

- Teniendo en cuenta quién eres, tus capacidades y tus límites, aceptarlos y acogerlos.
- Conocer tu personalidad.
- A través del desarrollo de la asertividad.
- Reflexionando sobre las motivaciones que me mueven a ayudar al otro y clarificarlas.
- Conociendo la complejidad del *burn out*.
- Aprendiendo a separarse de las situaciones de alto compromiso emocional.
- Con descanso.
- Integrando la figura del sanador herido (de la cual hablaremos justo ahora), sabiendo ser realistas con el otro y conmigo mismo integrando mis límites y desarrollando la humildad, que es contraria a la omnipotencia.

Otra propuesta para evitar este síndrome del quemado es la ecpatía, que es la acción mental compensatoria que nos protege de la inundación afectiva y evita que nos dejemos arrastrar por las emociones ajenas, un riesgo que corremos todas las personas excesivamente empáticas.

Para desarrollar la ecpatía se requiere un cambio de óptica, tomar conciencia de que existen varios puntos de vista ante una única realidad y así poder distanciarme del punto de vista del otro, ya que yo tengo el mío. Esta distancia emocional puede dar cabida al nuevo punto de vista sin que yo llegue a la identificación con el ajeno.

Lo principal de la ecpatía es ponerse en el propio lugar, una forma de controlar, de manera intencional, la subjetividad interpersonal para evitar el contagio emocional, lo que dificultaría la escucha y la relación interpersonal de ayuda.

En *counselling* tenemos la figura del «sanador herido», que ya aparece en la mitología con el centauro Quirón, hijo de Urano y Fílira, y se caracterizó por ser sanador de todas las especies. Herido por Heracles con una flecha empapada en la sangre de Hidra, el dolor era tan insoportable que, pensando que le acompañaría toda la eternidad, cedió su inmortalidad a Prometeo.

A partir de este mito griego, Henri J. N. Nouwen desarrolló la idea del sanador herido, que en el *counselling* se utiliza para representar la figura del *counsellor*, y que para mí es la manera de ser y de estar frente a una persona que sufre y que nos interpela, regalando esa empatía de la que hemos hablado.

Cuando me acerco a una persona con una necesidad, con un dolor en el alma, con una emoción que le sobrepasa o una situación que no sabe gestionar y la vive como atenazadora, ¿cómo me aproximo? Hay varias opciones:

- Desde mis conocimientos.
- Desde mi posición de salvador.
- Desde «yo no estoy tan dentro de la situación, así que puedo ser más objetivo».
- Desde la figura del sanador herido.

Esta última figura se refiere a que en el encuentro con esta persona que sufre, que adolece de un problema, me permito entrar con él en su dolor desgarrador, y al entrar en contacto con la herida más profunda de esa persona, aunque solo sea inconscientemente, lo hago también con la mía propia.

Solo cuando otro me abre el corazón y me lo muestra, me doy cuenta:

- de las veces que actúo con ingratitud,
- de que muchas veces veo problemas donde no los hay,
- de cómo soy de sobreexigente conmigo y con el otro,
- de mi falta de agradecimiento,
- de las cosas que me atan en la vida,
- de mis límites a la hora de ayudarle, y
- de que me faltan recursos para auxiliarle.

Y también me doy cuenta:

- de qué es lo importante para vivir,
- de cuáles son mis prioridades y mis límites, y
- de cómo los vivo.

Y en ese momento, cuando ya no tengo nada, nada que esconder al otro, es cuando me entrego a corazón abierto, y cuando aprendo de verdad a amar, a entregarme solo con lo que tengo, con mi autenticidad, con un amor puro, sin máscaras, y entonces entro en «común-unión» con el otro. Esto transforma mi vida, abandono todas mis seguridades y empiezo a cambiar.

Esta es la clave de la vida, para entregar, para amar y para transformarnos. Así alcanzaremos esa felicidad y esa alegría internas tan anheladas.

La humildad será la bandera del sanador herido:

- La humildad me libera de la fachada y la mentira, del estar sujeto al qué dirán o a mi «justiciero» interior; la humildad me coloca en mi lugar, ni más ni menos.
- La humildad me ayuda a conocerme y a reconocer que tengo un gran potencial dentro de mí y toda mi vida para desarrollarlo.
- La humildad me da paz, me resta autosuficiencia, me llena de sencillez y verdad.
- La humildad me integra y me dignifica.
- La humildad me humaniza y evita que me mundanice. Ortega y Gasset decía: «El hombre vive en constante riesgo de deshumanizarse».
- La humildad me da entrañas de misericordia, facilita la concordia y la convivencia.
- La humildad tiene pinta de que se recorre por un camino estrecho.
- La humildad va de la mano de la prudencia y la paciencia.
- La humildad da la oportunidad al otro de amarme, con todas las letras.
- La humildad contrasta con el mundo que me rodea, por eso es escandalosa, porque nadie queda impasible ante su paso. Vista en otro, me cuestiona interiormente.
- La humildad ayuda a asumir la responsabilidad de los

actos realizados que, con buena intención, pueden haber causado daño a otro. Por lo tanto, cataliza el perdón.

Cuando uno es capaz de parar y ver que el mundo sigue rodando, cuando uno ha vivido un duelo, lo ha procesado y se ha dado cuenta de que, muy al contrario de lo que pensaba, su vida ha seguido su curso y ahora es capaz de recordar con cariño y sin desgarro a la persona amada, esto te coloca en una posición humilde, descentrada; te ofrece la oportunidad de ser consciente de que no eres el centro del universo. Si al principio empezábamos con que todo cobra sentido porque lo refiero a mí, ahora nos damos cuenta de que no soy el centro del universo, por mucho que este carezca de sentido si yo no lo refiero a mí. ¡Aquí está la medida en la que se puede trabajar la humildad!

La humildad humaniza porque, como decía Ortega y Gasset, «el hombre vive en constante riesgo de deshumanizarse». Puede parecer poca cosa esto de deshumanizarse; sin embargo, es la piedra angular de nuestra existencia. Por un segundo, permítete la idea de un mundo deshumanizado. ¿Cómo sería?

En una consulta médica, por ejemplo, el médico no levantaría la vista del ordenador mientras apunta los datos del paciente, el cual quedaría reducido a signos y síntomas de una enfermedad. Un abogado reduciría su trato con el cliente a meros formalismos y protocolos relacionados con el asunto en cuestión, demandas y litigios desvinculados de la persona. En las comunidades de vecinos habría anonimato, desinterés absoluto por el vecino, y los asuntos se resolverían sin importar las personas que viven en ella. En definitiva, nos pondríamos nosotros al servicio del mundo, en vez de que el mundo estuviera a nuestro servicio en una simbiótica relación fructífera.

La verdadera comunicación no consiste en «yo vengo a hablar de mi libro y tú me escuchas». La verdadera comunicación es un proceso recíproco donde uno da y el otro recoge, devuelve, entrega, reformula, etc. Y para ello se requiere ejercitarla.

Empecemos por aproximarnos a la comunicación no verbal. Llevamos usándola desde hace ¡dos millones de años!, por eso ha dejado tanta huella en nosotros. Después fue una comunicación mucho más emocional, intuitiva, para pasar a otra más racional.

¿Recuerdas cuando dividimos el cerebro en tres partes anatómicas? Una de ellas era el sistema límbico, el de las emociones, que es donde se ubica la forma más primitiva de comunicarse, donde el cerebro responde de manera automática e incontrolada. La información de este sistema límbico se refleja en nuestro lenguaje no verbal: son microexpresiones de muy corta duración pero que nos dan información muy valiosa sobre el otro, ya que se escapan a nuestra razón y salen automáticamente.

Se dice que la cara es el espejo del alma, lo cual es cierto; de hecho, las emociones básicas tienen una expresión facial característica que nos ayuda a reconocerlas. Paul Ekman confirmó lo que Darwin dijo: «Heredamos la expresión de las emociones en la cara, no lo aprendemos».

Vayamos emoción por emoción.

La *alegría* se caracteriza por la sonrisa, ¡y hay más de cincuenta tipos de sonrisas!, aunque normalmente vemos dos: la sincera y la social (por no llamarla falsa). La sonrisa sincera muestra, de manera auténtica, nuestra felicidad. Se activan dos músculos en la cara, uno en los laterales de los labios que suben simétricamente hacia arriba, y el otro, el orbicular del párpado, bajo los ojos, que muestra nuestras patitas de gallo. Con la sonrisa, el sistema límbico se activa y cambia la química cerebral y de la persona, haciéndola incluso más eficaz en el desempeño de su día a día. La sonrisa social es la que hacemos de manera intencional; para el momento en cuestión, solo se activa el músculo que sube los laterales de los labios.

¿No has oído nunca aquello de «esta persona sonríe con la mirada»? ¡Pues es cierto!

Todavía me acuerdo de cuando fui a urgencias, estando embarazada de cuatro meses de mi hijo mediano, porque me encontraba mal. Me enviaron a casa, pero tuve que volver otra vez porque me encontraba aún peor. Pues todo acabó en una operación urgente de apendicitis a las tres de la madrugada. El motivo que alegó el médico para tener que operarme a esas horas era que ¡yo decía las cosas sonriendo y él pensaba que no estaba tan mal! ¡Pobriño! ¡Casi nos vamos los dos al otro barrio! Así que, cuidado con las sonrisas, porque hay personas que no saben interpretarlas.

De todos modos, tengo comprobado que la sonrisa es una puerta abierta a la comunicación con el otro.

El gesto característico de la *tristeza* es que las cejas, por la parte interna, se elevan en una «V» invertida, y si realmente está muy triste, además la barbilla asciende y los labios forman una «U», también invertida, haciendo pucheros. El rostro de la tristeza es el que más nos conmueve y nos empuja a prestar ayuda, consuelo y apoyo.

La *ira* modifica nuestro rostro colocando las cejas en forma de «V» y frunciendo el ceño, así estrechamos el campo visual para reducirlo y centrarlo en nuestro objetivo, en aquello que nos resulta amenazante; además, se tensa el rostro, podemos apretar los dientes o abrir la boca para enseñarlos, ensanchamos las fosas nasales y nuestra mirada atraviesa al otro. Esta emoción más vale evaluarla de una manera conjunta con el resto de la situación, ya que hay mucha gente que, por estar concentrada o intentando comprender lo que sucede, frunce el ceño y nos puede dar la sensación de que está enfadada, cuando no lo está.

José Luis Martín Ovejero, en su libro *Tú habla, que yo te leo*, explica que un estudio realizado en 2015 en Arizona State University llegó a la conclusión de que si un hombre expresaba sus resultados a través del enfado era calificado como más creíble; sin embargo, si esto mismo lo hacía una mujer, los participantes desconfiaban más de ella. Curioso, ¿no?

En cuanto a la *sorpresa*, ¿cómo saber si has conseguido sorprender verdaderamente a alguien? ¿Recuerdas a qué nos predispone la sorpresa? ¡A la exploración! Por lo tanto, en el rostro se abren mucho los ojos e incluso la boca, porque gracias a ello se escucha mejor y se destaponan los oídos, así captamos del entorno mucha más información. Esto nos sirve para saber si realmente hemos sorprendido a alguien, pero no nos sirve para saber si la sorpresa ha sido agradable o desagradable. ¡Eso tendrás que averiguarlo tú! ☺

El *asco* es una emoción básica que me predispone al rechazo o a la evitación. ¡No solo las cosas sensibles nos pueden provocar asco, también situaciones, personas, palabras...! Lo más característico es arrugar la nariz e incluso inclinar la cabeza hacia atrás para alejarnos del hecho aversivo.

Del *miedo* ya hemos hablado mucho, pero ¿cómo se refleja en nuestro rostro? Los ojos se abren para intentar captar la mayor cantidad de luz posible, así como la mayor cantidad de información, nuestros músculos faciales se ponen en tensión y hacen que nuestros labios se estiren horizontalmente.

Yo, por ejemplo, cuando quiero saber quién ha hecho algo en mi casa y tengo dudas entre alguno de mis hijos, lo más importante es mirarles a los ojos y ver sus caras cuando les pregunte, pues veré reflejado el microgesto que me dará la respuesta. Ya te comenté mi pasatiempo de ver las películas sin sonido para poder «leer» la expresión corporal de los actores e intentar conocer sus relaciones, ¿verdad? ¡Es muy divertido y se aprende mucho!

Si en el capítulo de las emociones hablábamos del contagio emocional por la actuación de las neuronas espejo, te propongo que vuelvas a recapacitar sobre qué emociones contagias, cuáles te gustaría contagiar y cuáles te gustaría que te contagiaran, para así rodearte de personas que te ayuden en este propósito.

José Luis Martín Ovejero diría: «Las emociones emocionan».

¿Te ha pasado alguna vez sentir que, por alguna razón que no encuentras, a la otra persona no le caes especialmente bien? Tal vez sea porque te lo está diciendo su lenguaje no verbal.

El lenguaje no verbal se puede imitar para dar una sensación de sintonía, pero nunca se imitan los gestos, sí en cambio la postura. Pasa igual que con el tono de voz y la velocidad de palabra, nos gusta que nos hablen con un tono de voz y un ritmo de palabras similar al nuestro.

La mayoría de las emociones tienen un efecto directo sobre la mirada, así que mirar tiene mucho que decir a la hora de comunicar. Si es preciso, ensaya una mirada afectuosa, acogedora y directa frente al espejo para practicar esa acogida con el lenguaje no verbal. Asimismo, aprende a escuchar tu cuerpo en una conversación. Hay unos gestos denominados «manipuladores» (pero no porque intenten manipular a nadie) que se realizan con las manos y reflejan nuestras emociones internas; no acompañan el mensaje, sino que muestran nuestro sentir interno: atusarse el cabello, hacer clic repetidamente con un bolígrafo, tocarse las gafas, sacarse el anillo del dedo...

Hay que mirar con los ojos bien atentos a nuestro emisor para detectar microgestos, prestar atención al mensaje, a la entonación, a la cadencia de la voz, al uso de las palabras, a las palabras en sí, al significado que la otra persona le da a esas palabras, qué valores y expectativas hay detrás de lo que me acaba de decir y, por último, prestar atención a uno mismo, al receptor: ¿cómo repercuten o resuenan en mí las palabras del otro?, ¿qué emociones me generan?, ¿me siento con capacidad de acogerle?, ¿cómo me siento?, ¿cómo quiero reaccionar?

Las claves de una comunicación eficaz para mí son:

- Cimentarse en la confianza, sin juzgar y con naturalidad.
- El «veo, veo» sería una comunicación clara, descriptiva, sin interpretaciones.
- Dar la información de forma concreta, sin generalizaciones.
- En comunicación, menos es más. Prueba a decir lo que quieres con las mínimas palabras e intenta no empezar por un verbo, porque entonces se asimilará a una orden o imposición.
- Sé amable, ya que generarás sentimientos positivos que aumentan la probabilidad de conexión.
- Si puedes empezar construyendo, viendo lo que sí hay antes de lo que no hay, sonará más colaborativo tu mensaje, menos agresivo y sancionador.

- La acogida emocional y la empatía son claves para escuchar.
- Respeto a los tiempos, las emociones y los pensamientos del otro, como también a los tuyos. ¿Y si te emocionas mientras hablas? Eso se llama congruencia entre lo que dices y lo que sientes.
- A la hora de dar malas noticias, primero sé consciente de lo que el otro sabe o quiere saber, no decidas por él.

Y además de todo lo anterior, ten en cuenta lo siguiente:

- El ambiente no lo es todo, pero es importante.
- La comunicación no verbal acompaña al lenguaje verbal, ¡no lo olvides! La mirada es importante, y el silencio, también.
- Eres tú el que quieres hacerte entender así, ¡esmérate! Paciencia, calma, repite, asegúrate de que se te ha entendido.
- Y, sobre todo, intenta que todo lo que digas sea veraz; si no es información contrastada, mejor no hagas elucubraciones. No des por hecho que el otro sabe lo que tú sabes o pensó lo que tú pensaste o lo hizo por el motivo que tú le atribuiste.

Hay numerosísimos elementos en la comunicación que nos estamos perdiendo, y mucho más si no vemos a esa persona, ya que cerca del 80 por ciento de la comunicación se realiza a través del cuerpo, del lenguaje no verbal; por lo tanto, si no vemos la cara de la otra persona, y encima no sabemos escuchar, es difícil que haya comunicación, que haya un encuentro.

Hubo una vez un reino muy muy lejano cuyo rey se levantó después de soñar que se le caían todos los pelos de la cabeza. Asustado por perder su magnífica melena, mandó llamar al mayor erudito del reino y le preguntó sobre el significado de su sueño.

—¡Qué desgracia, majestad! ¡Su único hijo está conspirando para usurparle el trono! —dijo el erudito.

—¡Cómo osas hablarme así! Por haber acusado a mi hijo te condeno a cien años de cárcel, así tendrás tiempo de arrepentirte por haber formulado una acusación tan grave.

Como el monarca seguía preocupado, mandó llamar al gran maestro del reino y le contó el sueño.

—Su graciosa majestad —empezó este—, ha demostrado durante años que es un rey excelso y magnánimo, parece ser que su corazón y su pueblo desearían un retiro plácido y sosegado para usted, y su hijo, gracias a la instrucción que le ha dado, está ya dispuesto a asumir su responsabilidad.

Una gran sonrisa se dibujó en el rostro del monarca y, complacido, le dijo:

—Siervo fiel y cumplidor, gracias por iluminarme y mostrarme el cariño de mi pueblo y la entrega de mi hijo. Serás recompensado con cien monedas de oro.

El secretario del rey, que había escuchado toda la conversación, cuando el maestro salía por la puerta le preguntó:

—¿Cómo puede ser que habiéndole dado usted la misma respuesta que el erudito, él fuera castigado con cien años de cárcel y usted, recompensado con cien monedas de oro?

—Querido amigo, aquí lo más importante no es solo saber la información, sino saber qué palabras utilizar para comunicarla, ya que de ellas dependen la calma o el desasosiego, el amor o el odio, de quien las recibe.

¿Cuántos malentendidos has vivido por no haber usado las palabras idóneas?
¿Es fácil deshacer un malentendido?
¿Conoces el arte de dar malas noticias?
¿Te reconoces susceptible a la hora de comunicarte?

CUENTO ENFOCADO 2
(cuento popular cubano)

En un extremo de una granja vivía una familia de ratones integrada por los padres y dos hijos. Una mañana de verano, los dos hermanos ratoncitos decidieron pasar el día en el campo. Antes de salir, pidieron permiso a sus padres para ir a jugar un poco más lejos de lo habitual. Su madre les dijo que sí, pero les recomendó:

—Tened mucho cuidado porque por allí anda un gato.

—¿Un gato? ¿Qué es eso? —preguntaron los hermanos.

—Un animal grande y con bigote —respondió la madre mientras miraba cómo los pequeños se alejaban.

Los dos ratoncillos se alejaron llenos de curiosidad por conocer a ese animal bigotudo, pues jamás habían visto uno.

—Me muero de ganas de verlo para divertirme con él —dijo el ratoncito a su hermana ratoncita.

Andando y andando llegaron hasta la cerca, y desde el otro lado vieron al felino. Este se acercó y comenzó a mirarlos sin intención de hacerles daño. A los dos hermanos el gato les pareció muy gracioso y comenzaron a burlarse de él, simplemente porque era distinto a ellos. Lo que más les divertía eran sus bigotes y sus orejas tiesas. «Gato flaco, gato flaco, voy a darte para un taco», le decían entre carcajadas.

El gato no se movía, tan solo se limitaba a mirarlos fijamente, y poco a poco empezó a enfurecerse. De repente trató de saltar la cerca para caer sobre los ratones, pero no lo logró y cayó sobre un saco.

Los hermanos lloraban de risa.

—Mira cómo temblamos, mira cómo temblamos —lo desafiaban.

El minino no se quedó conforme, e intentó saltar una y otra vez hasta que finalmente lo logró y empezó a correr detrás de ellos. Muy asustados, los ratoncillos se escabulleron a toda velocidad hasta llegar donde estaban sus padres.

—¡Papá, mamá, corred! ¡El gato viene para acá y nos va a comer! —gritaron al unísono.

Mamá ratona tenía mucho miedo, pero decidió hacer algo para salvar a su familia: se puso en pie a esperar al gato, y cuando este llegó, lo miró a los ojos. Parecía que en cualquier momento el gato estiraría su zarpa para atraparla, pero entonces ocurrió algo sorprendente: mamá ratona tomó aire ¡y empezó a ladrar como un perro feroz! «¡Guau, guau, guau!». Muy asustado, el gato salió corriendo y la familia de ratones quedó a salvo.

Ya por la noche, cuando todos estaban descansando en sus camas, mamá les explicó a los ratoncillos:

—¿Habéis visto? Nunca tenemos que reírnos de las diferencias, sino saber reconocerlas. Si no os hubierais burlado del gato, él no os habría hecho nada, y lo que nos protegió en esta ocasión fue mi conocimiento de los perros. Recordad que aprender el lenguaje de los demás y respetarlos puede salvaros la vida.

¿Reconoces que no todo lo sabes?
¿Cómo vives la gracia de poder aprender de otros?
¿Cómo aceptas tus meteduras de pata en las pequeñas cosas del día a día o que realizas sin mala intención?
¿En qué reflejas el respeto profundo del otro?

CUENTO ENFOCADO 3

Una reina en el cuerpo

Cuentan la historia de un remoto lugar de Escocia gobernado por un rey y por su reina que se caracterizaban por ser justos y bondadosos. Tenían dos hijas, Minerva, la mayor, y Luisa, la pequeña, a las que intentaron inculcar todo lo que ellos sabían, ya que esta forma de gobernar había traído paz y prosperidad por largo tiempo.

Ocurrió que un día, de manera inesperada, un terremoto sacudió todo el reino, destruyendo el palacio y la mayoría de los edificios. Además, dejaron a la pequeña Minerva y a su hermana Luisa huérfanas.

Ambas lloraron a sus padres, pero, pasado el luto, Minerva comprendió que había llegado el momento de ejercer de reina. Como su reino estaba destrozado, decidió ir con su hermana a buscar otro donde poder gobernar.

En todos los reinos donde llegaban, Minerva exponía que había nacido para ser reina y que tenía derecho a gobernarlos a todos. Tras esta explicación, sin embargo, ningún reino quería acogerlas.

Así pasaron los años, de reino en reino, buscando alguno que fuera digno de su reinado.

Luisa, cansada ya de vagabundear, convenció a Minerva

para asentarse en una pequeña aldea, aunque accedió de mal grado. Minerva decidió que, como no tenía un reino al que gobernar, actuaría como reina encubierta en la aldea, así que era servicial con los demás, aunque siempre esperaba un agradecimiento por su parte, ya que en el fondo de su corazón ella seguía siendo reina, y si no lo recibía, se enfadaba consigo misma por ser tan tonta y haber servido a quien no era capaz de apreciarlo.

Había en la aldea una costumbre en concreto que no era capaz de aceptar, y era que todos en el pueblo tenían un sobrenombre. A Antonia, la panadera, se la llamaba «Antonia la imprescindible» porque el pan que hacía era tan sabroso que no podía faltar en cada comida. A Miguel, el cartero, se le llamaba «Miguel el noticiero» porque siempre traía noticias de la gran ciudad. Y a María, la jueza, se la llamaba «María la reina» porque era justa y bondadosa con todos. Esto Minerva no era capaz de soportarlo. ¡Ella era reina de pleno derecho! Y no solo no tenía un reino, sino que ni siquiera podía llevar el sobrenombre que le correspondía porque María se lo había usurpado.

Pasó el tiempo y Minerva y Luisa se hicieron mayores. Habían aprendido la vida del campo: los madrugones, los callos en las manos, la paciencia y la sorpresa ante el nacimiento de un nuevo cabritillo... Experimentaron la compañía de los vecinos, y las veces que iban y volvían de la ciudad, el sentimiento de regresar al hogar y el amor con que los demás vecinos las recibían.

Poco a poco, Minerva se dio cuenta de que no iba a ser reina, y habló con su hermana:

—Luisa, he llegado a amar tanto este lugar que, como nunca podré ser reina de esta aldea, pues es María quien ocupa el puesto, renuncio a mi reinado para ser simplemente «Minerva la aldeana».

Al decir estas palabras, su corazón se ensanchó de tal manera que hasta le resultaba cómico recordar el dolor, antaño sufrido, por el sobrenombre de María, y rio y rio a carcajadas, y empezó a bailar, libre de toda carga, girando y brincando por la casa y contagiando a Luisa con su risa despreocupada.

Al momento todo empezó a cambiar a su alrededor: la pequeña habitación empezó a llenarse de flores y música, en los campos maduraron los frutos y crecieron árboles exóticos, la aldea se vistió de luz y color transformada por la alegría de Minerva.

Ella misma también cambió su actitud: empezó a llamar a María la reina con toda la alegría que brotaba de su corazón, cuidaba a los demás con especial cariño y dedicación, y como sabía de su don para la música y las flores, le faltaba tiempo para animar una celebración, por pequeña que fuera.

Minerva fue recordada por todas las generaciones de la aldea como «Minerva la humilde».

¿Qué cosas concretas te restan libertad?

¿Cuáles son tus apegos?

¿Cómo enfocarías la humildad en tu vida?

A veces los planes que teníamos no salen. ¿Cómo los afrontas tú?

¿Los sueños no cumplidos te impiden vivir la realidad?

Ejercicio 1

«No puedo dormir, ni comer... Siento una soledad y una tristeza muy grandes, lo hago mal todo y pienso que cada vez voy a peor...».

¿Qué tipo de respuesta puedo dar ante esto?
Pues, según Gerard Egan, hay seis tipos de respuesta:

- **Muy pobre** («A mí tampoco me va tan bien como crees, ¿eh?»): No escucha realmente, incluso se centra en sí mismo obviando al otro.
- **Pobre** («Y en el trabajo, ¿cómo te va?»): No escucha, incluso intenta cambiar de tema.
- **Inadecuada** («No digas eso, por favor. Con todo lo que tienes, deberías ser más agradecido»: No escucha y encima exige, recrimina o...
- **Adecuada** («Verdaderamente veo que te encuentras mal»): Recoge algo de lo que el otro ha dicho.
- **Buena** («Hay algo que te tiene angustiado y te afecta en tu vida diaria»): Pone nombre a lo que el otro ha dicho, habla en lenguaje emocional.
- **Muy buena** («Entiendo que lo que estás experimentando no te deja vivir, y que además lo pasas en soledad. Te veo desesperado»): Sabe adecuar el ritmo de la voz, el tono y todo su cuerpo para acoger al otro, y se lo devuelve con palabras, trasciende a sí mismo y llega al encuentro del dolor del otro, se conmueve.

Es importante saber no el tipo de respuesta que queremos dar, sino la que damos realmente, porque estaremos consiguiendo una cosa o la otra.

Debemos pensar que cuando alguien cuenta algo así es doloroso y, seguramente, lo hace porque ya no puede más, no porque quiera realmente, pues, en esta vida, mostrarse vulnerable y doliente no está de moda y provoca rechazo.

Así que si tienes la oportunidad de encontrarte con alguien tan humano que sea capaz de compartir su mundo interior contigo... permanece, ¡verás lo que pasa!

¿Qué tipo de respuestas sueles dar?

¿Cuál puede ayudar más a la otra persona?

Recuerda el ejercicio que hemos hecho de descubrir tu estilo de comunicación. Después de todo lo leído, ¿cambiarías tu respuesta?

Ejercicio 2

Si alguien te habla elevando el tono de voz, ¿qué crees?:

- Que es tu tono natural.
- Que tu tono natural es bajo.
- Que no escucha bien.
- Que piensa que no te has enterado.
- Que está nervioso, excitado...

Y ya si eso...

- Que puede estar enfadado...

Y ya si eso...

- Contigo.

Date un tiempo antes de establecer conclusiones precipitadas... No solo le estarás haciendo un favor a la otra persona, sino también a ti mismo.

¿Te ha pasado alguna vez?

A mí sí, porque mi tono de voz es bajo y pausado y percibo muy fácilmente un tono más elevado y rápido. Antes de pensar que me está atosigando, por ejemplo, me doy un tiempo para ver cuál es el modo natural de esa persona, y en función de ese conocimiento percibo los cambios.

5

DE TI AL OTRO

Y ahora... ¿qué hago con todo esto que soy?

Bueno, este capítulo es difícil de empezar dado que es el último del libro. Lo primero que quiero hacer es felicitarte por el camino que has emprendido. Supongo que ya te habrás dado cuenta de que es un camino para toda la vida, de idas y venidas, de apretar cuando hace falta, de paseos y de saber permanecer en el lugar en el que estamos. ¡Mi más sincera enhorabuena por haber llegado hasta aquí!

Comenzaré hablándote de una emoción que no ha salido mucho en el libro y, sin embargo, es fundamental para seguir caminando. Ahora que has descubierto quién eres, o bien estás en el proceso de lograrlo, ¿cómo te sientes? Podrías llegar a sentirte orgulloso de lo que has descubierto, pues ya te aclaro que el orgullo no es una emoción negativa. ¡Vamos a verla!

Esta emoción forma parte de las denominadas «emociones autoconscientes», que surgen cuando valoramos positivamente algo que hemos hecho en comparación con unos criterios previos establecidos sobre lo que es la acción adecuada. Comparte familia con la culpa y la vergüenza, de las que ya hemos hablado.

Hay autores, como Michael Lewis, que sostienen que las tres emociones autoconscientes son básicas. Recordemos las diferencias entre una emoción básica «pura» y la emoción autoconsciente:

- Básica:
  - — Presente a los pocos meses de vida.
  - — Tiene una expresión fácil reconocible.
- Autoconsciente:
  - — Presente alrededor de los dieciocho meses.
  - — Exige un mínimo de autoconciencia, de que mi yo es distinto del tuyo.

El orgullo tiene de beneficioso que nos insta a realizar otra vez acciones virtuosas que nos hacen sentir orgullosos. Es verdad que el orgullo tiene un componente social importante, pues algunas veces depende del *feedback* de otros para existir, pero mi objetivo ahora es alumbrar otra cara del orgullo, y es la cara con la que tú te miras, con la que tú reconoces los dones, que son las cualidades heredadas o que se han recibido, cómo reconoces tus capacidades y cómo te responsabilizas en trabajarlas, siendo muy consciente de tus límites para evitar que el orgullo te ciegue. Me estoy refiriendo a tratar el orgullo enraizándolo en el honor, la dignidad, el respeto a uno mismo y la autoconfianza, dejando a un lado la vanidad y la arrogancia.

Hay otra emoción de la que te quería hablar, y es el asombro que puede despertarte el hecho de conocerte. Dice Catherine L'Ecuyer que «el sentido del asombro del niño es lo que le lleva a descubrir el mundo». La inocencia, la curiosidad y la posibilidad van de la mano del asombro cuando algo que no se creía posible se ve que es cierto. Dicen que el asombro es una emoción de trascendencia personal, de admiración y de elevación frente a algo que supera a uno, permitiendo la apertura y la ampliación del espíritu, y reclamando que nos paremos a pensar.

El asombro nos abre a la posibilidad de un futuro más consciente, auténtico, real. ¡Más yo! Nos permite trascender, salirnos de nosotros mismos y darnos cuenta de que formamos parte de un mundo que es mucho más que nosotros, y esto nos lleva a la humildad y a un profundo agradecimiento. El asombro puede ser esa motivación interna hedonista que despierta el deseo de descubrirnos.

El asombro también reclama tiempo y presencia, es contrario a las prisas y la fugacidad. Nos invita a mirar lo que nos rodea, no solo a verlo pasar. Asimismo, nos invita a profundizar, a bucear en el autoconocimiento, a cuestionarnos, a reflexionar, a contemplar; en definitiva, a pensar, algo tan propio del ser humano.

Cuando uno encuentra un tesoro, no puede evitar compartirlo con los demás, cuando alguien encuentra algo que merece la pena, en su fuero interno llamea el fuego de la generosidad, de compartirlo con el otro. Ahora que has encontrado el tesoro que eres tú mismo, ¿qué vas a hacer con él? En este caso, seguramente la esperanza habrá llamado a tu puerta. La esperanza abre la puerta de esperar en uno mismo, la posibilidad de iniciarte en un camino inesperado. ¡La esperanza te abre a la vida! Es una vida que merece la pena saborear, buscar el sabor de ti, encontrarte, saber deleitarte contigo mismo, con la persona que eres, con tu mundo interior; la voluntad de aportar lo mejor de ti en cada momento, con un sentido de colaboración y de servicio. Saborear es contrario a ensimismarse, que solo nos lleva a centrarnos en nosotros, en dirigir nuestro foco a nuestro ombligo, en ver solo mi cara de la moneda y valorarla como única y válida; no centra la atención en todo mi ser, sino en una parte concreta del mismo: mis emociones, mis sensaciones, mis pensamientos, mis ideas... Me encierra en mí, me ahogo en mí ya que yo solo no soy suficiente.

Para poder asombrarte, vivir esperanzado, confiado en la vida, necesitas tiempo, y te voy a explicar por qué. Cuando uno hace un caldo de carne para un rico arroz, le pone sus verduras, sus huesos de pollo, de espinazo y su trozo de carne, para luego dejarlo una hora cociéndose, y al destapar esa olla, suculentos vapores inundan tu nariz. Ahora bien, si vuelcas ese caldo en un recipiente, lo verás muy turbio, lleno de impurezas. ¿Qué pasa si lo dejas reposar por lo menos una hora? Pues que empezará un proceso de decantación, y un montón de partículas que enturbiaban ese exquisito caldo caerán al fondo de la jarra y podrás apreciar en todo su esplendor su color ámbar, ¡y ya estará preparado para remojar el arroz! ¿Con esto qué quiero decir? Que para poder vivir necesitas desarrollar el arte de la paciencia, de la espera, del estar aquí y ahora, evitando que el futuro, el pasado o problemas apremiantes del presente enturbien tu saber ser. Recuerda que:

- El peso del mundo tira del cuerpo y lo va enterrando dulcemente entre un después y un jamás.
- Ten confianza en ti, en lo que has encontrado; tal como está, está bien; no te juzgues, esta actitud no te va a

hacer bien; mírate con misericordia, ten presente que es más sencillo ser quien uno es si no se critica, si no se recrimina, si se mira desde el amor y la responsabilidad; asómbrate por las cosas que descubres de ti y valóralas, porque ahora tienes una mirada nueva. De hecho, ¡siempre han estado ahí esperando a ser encontradas!
- «Sabor-re-arte» es el arte de saber quién eres.

Dice Mario Alonso Puig: «Cuando uno cambia la forma de ver las cosas, las cosas mismas cambian».

¿Has celebrado ya lo que has descubierto? Celebrar es reconocimiento: célebre es la persona a la cual se le reconocen unas cualidades; por eso lo de «celebrar», y lo de «re-conocimiento», porque te has vuelto a conocer. Por eso te pregunto de nuevo: ¿has celebrado ya todo lo que has recorrido en el camino?

Creo que en esta sociedad está bastante desvirtuado el hecho de celebrar, parece una manera fácil de evadirse de la realidad, ¡y nada más lejos de mi intención! Lo que pretendo con esta propuesta es que afiances los logros que has ido adquiriendo. Para mí celebrar no es edulcorar la realidad, ni realizarle una cirugía plástica para desvirtuarla y hacerla más amable. Lo que yo te propongo con esta celebración es que aprendas a dar valor y significado, a colocar en la despensa de tu vida todas tus virtudes y tus defectos, tus dificultades y tus destrezas, las cosas que te gustan y las que no te gustan de ti, y que poco a poco todo vaya cobrando sentido, y cuando todo cobre sentido, seas capaz de trascender, ir más allá de lo concreto, de los sentidos, del espacio y del tiempo, caminar más allá, no solo más arriba, sino ir más allá. Trascendemos cuando de unas notas musicales somos capaces de cautivar el corazón de una persona, trascendemos cuando en una situación problemática somos capaces de actuar en busca del bien común dejando a un lado mi bien individual, trascendemos cuando soy capaz de alegrarme del éxito del otro aunque eso suponga que yo quede relegado.

A propósito de lo anterior, me gustaría hablarte de la palabra *Schadenfreude*. Viene del alemán, aunque es de uso internacional en la literatura sobre las emociones, y significa «sentir una satisfacción maliciosa por el sufrimiento de otras personas». Es totalmente distinta a *Gloating*, que significa «recrearse en el mal ajeno que hemos producido intencionalmente nosotros mismos».

El *Schadenfreude* sería algo parecido a, por ejemplo, esta situación: queremos comprar una casa y presentamos una oferta económica, pero nos informan de que hay otra pareja interesada que también quiere comprarla. Entonces, durante unos meses, entramos en negociación con los vendedores, competimos con la otra pareja. ¿Imagínate que al final los vendedores se retractan y deciden no vender la casa? Yo puedo estar fastidiada por no haberla comprado, pero también puedo sentir cierta alegría porque al final mis competidores tampoco la van a comprar. Esta emoción se da mucho cuando existe una competición y no importa tanto que a mí me vaya bien como que al otro le vaya peor.

Muchas veces esta emoción habla de mis propias limitaciones e insuficiencias, de que salga a la luz mi miedo. Así pues, como decíamos en el capítulo 2, yo sí puedo valorar mis propias emociones, sentirlas y reflexionar sobre ellas para que, en contacto con el éxito o el fracaso de otros, despierte en mí el *Schadenfreude*.

Hablábamos de compartir el tesoro que eres, de trascender. Pero antes de hacerlo, ¿te has preguntado qué significado tiene para ti el otro?

Antes de responder, te propongo otra pregunta...

¿Cuál dirías que es nuestra mayor fuente de emociones?

Tictac, tictac, tictac...

Para ayudarte a responder, vamos a hacer un ejercicio:

1. Reflexiona sobre las cosas que te han producido emociones intensas en el último mes.
2. Escribe al menos tres sucesos que te hayan afectado emocionalmente de manera significativa.
3. Haz una lista.
4. Piensa en tres cosas que te pueden hacer sentir feliz y otras tres que te puedan hacer desgraciado.
5. Añade estos seis hechos a la lista anterior.

¡Ahora viene lo grande!

Analiza los hechos de la lista y responde a esta pregunta: ¿cuáles tienen que ver directa o indirectamente con tu relación con otras personas?

¿Son todos o casi todos?

Solo se salvan la salud personal y alguno de los retos personales, aunque estos también tienen eco emocional en las personas que nos rodean.

¡¡Nuestras relaciones personales son la mayor fuente de emociones que tenemos!!

Esto lo averiguaron Harry Reis y Shelly Gable en una investigación sobre las relaciones personales, determinando que son la principal fuente de generación de emociones en el ser humano.

Como cantan los Blue Brothers: «Everybody needs somebody», aunque solo sea para emocionarnos.

Ahora ya sí, ¿qué significa para ti el otro?

Cuando establecemos una relación con el otro podemos

hacerlo de varias maneras: de pareja, jerárquica, familiar o de amistad. En las tres primeras hay que ajustarse a ciertas reglas o patrones: la fidelidad, el contacto y el apoyo permanente; la obediencia del subordinado y la responsabilidad del superior, o el trato afectuoso a personas que tal vez no nos caigan bien, pero son nuestra familia. La última quizá sea la más libre y desinteresada de todas, aunque ya veremos que no es cien por cien desinteresada.

Si te tomas un momento para reflexionar sobre la amistad, ¿qué características crees que tiene? Escríbelas. ¿Cuáles son imprescindibles para que sea una amistad? ¿Qué características, de las que has escrito, comparten otro tipo de relaciones como las de pareja, laborales, de vecindad, etc.?

- Para que se dé un vínculo de amistad es preciso compartir un espacio y un tiempo comunes, ya que el roce hace el cariño.
- El factor que más influye en la amistad es la comunicación, cuyo objetivo es la comprensión mutua.
- La amistad requiere de afecto, a través de la comunicación me asombro de la persona que tengo enfrente, de ahí surgen el interés y la motivación para conocerle mejor, y poco a poco nace el afecto mutuo, no sexual.
- Para que la amistad perdure en el tiempo hace falta que surja la confianza por las dos partes, saber que el afecto y el vínculo no van a resquebrajarse ante los problemas y que la persona no va a ser juzgada por sus actos.
- La base de la confianza es la verdad, la sinceridad y la autenticidad.
- Por último, faltaría la sensación, muchas veces subjetiva, del compromiso mutuo, de que uno mismo y el otro

somos capaces, en un momento dado, de dejarlo todo para auxiliar al amigo.

Cuando todos estos puntos se dan, la amistad se ha consolidado, y entonces el trato frecuente o la comunicación ya no tienen tanta importancia, ya que las circunstancias personales cambian, pero cuando se vuelve a compartir un espacio y un tiempo, la intimidad se reanuda como si nada.

Tal vez cabría preguntarse: ¿qué es para ti la amistad?, ¿un medio o un fin? Es importante esta apreciación, porque si la planteamos como un medio, la amistad adquiere un sentido instrumental, utilitarista, donde los amigos son una condición necesaria para conseguir algo o para evitar algo (por ejemplo, el miedo a la soledad puede llevar a alguien a buscar la amistad de otra persona —un medio— para no estar solo); sin embargo, si la planteamos como un fin en sí mismo, no necesita justificación ni razonamiento lógico para existir.

Si la amistad es un tesoro tan preciado, ¿existe alguna manera de salvaguardarla?

José Luis Zaccagnini y Alicia Martín nos proponen las siguientes medidas para lograrlo:

- Dedicar tiempo sistemáticamente a mantener la relación de amistad.
- No dejarlo para cuando se pueda.
- Asegurarse de que los amigos ocupan un espacio concreto en las rutinas diarias.
- Charlar con los amigos acerca de sus vidas y de la tuya.
- Hablar sinceramente de cuestiones importantes.
- Aplicar la escucha activa (es fundamental).
- Esperar lo mejor de nuestro amigo sobre todo cuando surge el conflicto.

- Empatizar.
- No juzgar sus intereses ni criterios.
- No utilizar a tus amigos.
- Reflexionar sobre qué puedo aportarle yo a ellos y qué pueden aportarme ellos a mí.
- Estar atento a sus necesidades.
- Enarbolar la sinceridad y la lealtad como bandera.

Creo que como resumen de este apartado es conveniente mencionar a Carl Rogers y decir que toda relación personal precisa de un tiempo y un espacio, de empatía y escucha, de autenticidad y consideración positiva. Creo que esta sería una manera muy apropiada de relación sabiendo ser y dejando ser en el momento en el que estamos.

Numerosos estudios han demostrado que, entre estar solo, estar con amigos o estar en familia, estar solo ocuparía el tercer lugar, estar en familia, el segundo, y, muy por encima, estar con amigos.

La característica de la personalidad que favorece significativamente las relaciones de amistad es la extroversión, pues permite ser más abierto, implicarse en actividades diversas, estar en contacto con más personas, tener mayores habilidades sociales, ser asertivo y cooperativo, todo lo cual ayuda a manejarse mejor en las relaciones de amistad.

Para terminar, me gustaría aclarar la diferencia que hay entre la timidez y la introversión, ya que ser tímido o incluso introvertido no implica que no se pueda forjar una verdadera amistad. La diferencia es que la persona tímida es la que siente ansiedad, congoja o desasosiego cuando se encuentra ante otra persona, con público, cuando tiene que salirse de sí misma para llegar al encuentro con el otro, y eso le da miedo y empieza el círculo vicioso de las emociones, del que ya hemos hablado anteriormente, y entonces, cuando tiene que salirse de sí misma, le causa tanto miedo que al final comete errores sociales, por lo que recibe un *feedback* negativo de la otra persona y, en consecuencia, se encierra más en sí misma y se vuelve todavía más tímida. En cambio, la persona introvertida es aquella que tiene un mundo interior muy rico, muy lleno, que prefiere leer un libro, escuchar música o tener reuniones donde de verdad pueda encontrarse con el otro, su autoestima está sana y el encuentro no genera dificultad alguna.

Ten en cuenta esto a la hora de ponerte en juego y de ir de ti hacia el otro.

Así que la amistad habla bastante de la trascendencia. ¿Merece la pena salirse de uno mismo, trascender, para forjar una amistad?

Te pido que reflexiones sobre ello, porque no es sencillo. Y no lo es porque muchas veces te pasas o no llegas, y en ocasiones nos cuesta mucho ese equilibrio entre encontrar momentos para mí y para el otro, para los demás.

Del estar al ser. Complicado, pero no imposible

Ahora que ya hemos hablado del caos a ti, de las emociones a ti, del sentido de la vida y de la comunicación a ti y de ti al otro, te propongo que dejes de sobrevivir para empezar a vivir, que pases del estar al ser. La inteligencia emocional no consiste en saber mucho, consiste en saber ser quién soy, y las emociones, en este sentido, me dan mucha información. No cabe el constreñirlas, anularlas, eliminarlas, sino saber que están ahí y que algo me están indicando. ¿Qué dicen de mí esas emociones?, ¿cómo estoy interpretando la realidad que me rodea para llegar a tenerlas? Porque actuamos en función de cómo hemos interpretado esa realidad, lo cual nos conforma como personas; es decir, si yo fuera un león, interpretaría la realidad como tal y actuaría en consecuencia, y eso me conformaría aún más como león.

Yo a mis hijos los llamo «líderes», porque para eso sirve la inteligencia emocional, para crear manipuladores o líderes, y eso dependerá de para qué usen las herramientas de la inteligencia emocional.

Ayer, en la cena, hablábamos sobre los distintos tipos de liderazgo. Comparábamos a Daenerys de la Tormenta con Nelson Mandela, tipos distintos de liderar. Pero ¿qué es eso del liderazgo? ¿Conseguir que los demás hagan lo que tú quieres? Un líder es aquella persona que se conoce y se trabaja personalmente para ser su mejor versión, que ha encontrado el sentido de su vida, que sabe adónde va, sabe abrir la mirada para ver lo que sí hay; como decíamos, es un pesimista bien informado, es decir, un optimista porque vive en verdad, en lo concreto. Además, de alguna manera contagia ese saber ser a los demás, y en el encuentro contigo sabe ver tu verdadero yo, sin juicios ni críticas, sabe potenciar tus fortalezas y animarte a transformar tus vicios en virtudes, consiguiendo que tú sientas gratificación y emociones positivas por ser quien eres. En definitiva, es alguien que te acompaña a ser auténticamente tú. Como ves, esta definición tiene su miga. Sin embargo, creo que todos los que vivimos acompañando a otro ser humano debemos tenerla muy presente. No se trata de añadir, sino de descubrir los tesoros del otro; no se trata de modelar, sino de acompañar y ser el bastón de apoyo; no se trata de suplantar, sino de proponer alternativas. Así, acompañando, seremos capaces de ser mejores personas para tener un mundo mejor. Yo sola no puedo cambiar el mundo, pero sí puedo hacer mucho por mí y por los que están a mi alrededor, y de este modo ¿quién sabe adónde llegará el otro?

Hoy agradezco que tú leas este libro y este mensaje que te envío porque estoy convencida de que juntos cambiaremos el mundo.

El otro día tuve la gran suerte de poder reencontrarme con un primo mío que se fue a vivir a Estados Unidos hace un montón de años. Allí ha podido desarrollar su carrera como médico y es feliz. Ahora ha aceptado un nuevo trabajo lejos de su familia donde podrá hacer mucho bien y donde, además, ganará mucho dinero. Va a desarraigarse otra vez en pro de un bienestar mayor, y esto me hizo pensar sobre los vínculos familiares y en cómo se gestionan esos apegos, porque me da la sensación de que hoy en día hay una corriente muy extendida que podríamos llamar «matar a tus padres», pero no en el sentido que diría Borja Vilaseca. Él propone, con este título controvertido, emanciparse emocionalmente de los padres para sanar las heridas, para hacer un cambio de paradigma y de significado en las heridas que nuestros progenitores nos hayan podido causar, y presentarnos, en esa relación, como sujetos capaces de compadecernos, comprender, perdonar, valorar y agradecer su figura. Esta idea me parece muy acertada, si bien percibo que actualmente este movimiento todavía es infantil, pues consiste en presentarse ante la vida como una víctima de nuestros padres y de las circunstancias. Esta última palabra es apasionante. Cuando nos relacionamos con otro que nos ha hecho daño, podemos optar por varias vías de relación:

1. **Victimismo.** No es el sentimiento circunstancial de vulnerabilidad que todos hemos podido sentir en un

momento dado. No. Es una persona que establece, como modo de relación con la vida, el sentirse víctima de todo y de todos; es incapaz de responsabilizarse de sus actos y de su vida; magnifica sus emociones negativas y se compara constantemente con los demás, siendo él el peor parado; adolece de gestión emocional, de autoconocimiento, por eso tiene un bajo concepto de sí mismo; no tolera frustrarse y reacciona de manera defensiva, y, por supuesto, el *locus* de control es externo y las causas, inestables... Creo que puedes entender cuán nefasta resulta su actitud, y el beneficio que de ello recibe es la atención de los demás.

2. **Resiliencia.** Como veíamos en el capítulo de las emociones, somos mucho más resilientes de lo que pensamos, ya que la mayoría de nosotros somos capaces de procesar una situación traumática.

Creo que la palabra «perdón» es clave en esto del ser y las relaciones interpersonales. El perdón tiene algo importante y es que lo primero que daña es el rencor, la rabia y la ira, que se originan de no perdonarse a uno mismo.

Esto me suscita una anécdota:

> Cuentan que dos amigos, cuya amistad se forjó durante una estancia larga en la cárcel, se reencuentran varios años después y uno le dice al otro:
>
> —¿Cómo estás?
>
> —Bien. La vida me sonríe, estoy trabajando en una tienda, tengo amigos y, poco a poco, voy saliendo de todo aquello.
>
> A lo que el primero, muy sorprendido, replica:
>
> —¿Es que no te acuerdas de las palizas que nos daban?

¿No te acuerdas de cómo nos trataron? ¿Acaso te has olvidado ya del frío?

Y el segundo, con mirada compasiva y con mucho amor, le contesta:

—Tú me has preguntado por cómo estoy ahora, y yo, ahora, estoy viviendo. Tú, querido amigo, todavía sigues encarcelado.

Y es que no poder perdonar nos hace presos de nuestra propia herida, tal vez por esto merece la pena abordar el tema del perdón.

El perdón se presenta como una opción cuando uno ha recibido un daño, cuando uno se duele por una herida realizada por otro, tal vez de manera injustificada, y ha producido un sufrimiento.

Y aquí caben varias aclaraciones:

- El perdón no es bidireccional; dicho de otro modo, si yo decido perdonar a otro, este no tiene por qué perdonarme a mí, ni tiene por qué cambiar, ni tiene por qué darme la razón.
- Perdonando, renuncio a ser compensado, restituido o vengado por el daño recibido.
- El perdón no implica el olvido; de hecho, si hay olvido, no hay verdadero perdón ¡porque no sé lo que estoy perdonando!
- El perdón muchas veces empieza por uno mismo, por perdonarme a mí, o bien porque mi memoria, a través de pensamientos rumiantes, ha engrandecido la herida y entonces yo le he hecho daño a la otra persona y a mí mismo. Perdonarme por no haberme dado cuenta o haberme dado cuenta tarde. Generalmente el

perdón implica perdonarse a uno mismo, y esto nos cuesta.

- El perdón no se puede afrontar solo desde la voluntad, no vale solo con proponérselo. Perdonar a alguien implica hacer un uso de la razón y el corazón porque al final, cuando se perdona, se hace, como se dice en hebreo, desde *tembejemlá* o «entrañas de misericordia», en lo más profundo del corazón.
- El perdón no implica quitar la culpa («dis-culpar») a la otra persona.
- El perdón no implica la reconciliación o volver al estado previo a la herida.
- El perdón es un proceso que requiere transitar un camino, un trabajo interior, un esfuerzo del corazón mediado por la razón, que muchas veces merece la pena hacerlo acompañado.

El perdón es una decisión de liberación del alma y del corazón a través de la comprensión de la vulnerabilidad y las limitaciones del otro, o de mí, que no me son ajenos, ya que, por nuestra propia humanidad, no estamos exentos de ellos.

Decía Martin Luther King: «El que es incapaz de perdonar es incapaz de amar».

Creo que lo más difícil de perdonar es que nos confronta con nuestra propia limitación y vulnerabilidad, con que querer no es poder, y que por mucho que pueda, no es bueno que lo lleve a cabo. «El perdón cae como lluvia suave desde el cielo a la tierra, es dos veces bendito, bendice al que lo da y al que lo recibe», decía William Shakespeare.

Luego hay otra cara del perdón, que es el perdonarse a uno mismo. El otro día observé a mis hijos después de que se pelearan por una ficha de un juego. A los cinco minutos ya se estaban pidiendo perdón el uno al otro y aceptando la disculpa. Al rato, yo me exasperé con uno de ellos, y lo que más me costó no fue pedirle perdón, sino perdonarme a mí misma. Entonces me di cuenta de que ¡los niños ni siquiera se plantean perdonarse a sí mismos! ¿Será porque no se conocen? ¿Será porque aceptan humildemente sus defectos? Un niño no se critica y se maltrata como un adulto, así que, en el tema del perdón, he decidido actuar como un niño y asumir que mis errores forman parte de mis limitaciones y, por supuesto, voy a poner toda la carne en el asador para que, a través de ese autoconocimiento, sea cada día una versión mejorada de mí misma. Eso sí, voy a dejar atrás el llevar la última palabra respecto al perdón de mis actos. Si el otro me perdona, ¿por qué no me voy a perdonar a mí misma?

En este punto es apropiado hablar de la diferencia que hay entre el arrepentimiento y el remordimiento, ya que está íntimamente relacionado con el perdón.

¿Sabrías cuál es la diferencia?

Es simple. Yo me puedo arrepentir de haber realizado o no acciones buenas o malas, éticamente hablando. Me puedo arrepentir de no haberme comido el helado de postre porque, siendo la hora de merendar, ya no me lo puedo comer porque no quedan más. En cambio, siento remordimiento tras haber realizado una mala acción o no haber realizado una buena acción; él siente remordimiento porque se comió el último helado, sabiendo que Marta no lo había probado y sabiendo, también, lo mucho que le gustan a ella los helados, él lo hizo consciente de esto y para no quedarse sin él. Además, el remordimiento tiene otra característica importante y es que nos recuerda con frecuencia la falta y podemos empezar a rumiar. Si rumiamos mucho una falta, aparecerá la emoción de la culpa de la que hablamos en el capítulo 2, ¿lo recuerdas? Te aconsejo que le des un repaso a la culpa ya que muchas veces es la responsable de inmovilizarnos y de dificultarnos el autoperdón.

Cuando uno se descubre a sí mismo, es irremediable compararse con otro. En esa comparativa pueden surgir dos palabras que creo que requieren cierta aclaración, y son «justicia» e «igualdad». Las confundimos con relativa frecuencia y exigimos igualdad donde verdaderamente tiene cabida la justicia. Te pondré un par de ejemplos. Para empezar, el encuentro con el otro en una pareja. Los dos son iguales en dignidad y, por lo tanto, requieren ser tratados con el mismo respeto. Esto no significa que se les trate de igual manera, dado que ser tratados por igual sería profundamente injusto con su unicidad y su singularidad. Otro ejemplo bien sencillo, este de una comida con cinco comensales: un niño de cinco años, otro de doce, un joven de veinticinco, un hombre de cincuenta y un anciano de ochenta. Tratarles por igual significaría darles a todos la misma cantidad de comida y de la misma forma. Esto sería tremendamente injusto para el de cinco años, que no necesita tanta cantidad y sí trozos más pequeños, quizá el de veinticinco se quedaría con hambre y tal vez el de ochenta no podría casi tragar la comida.

En las relaciones humanas, tener en cuenta que somos iguales en dignidad es un hecho, pero esto no hace que sea justo que todos recibamos o seamos tratados del mismo modo. Y es que cuando otro se mete en la ecuación también puede surgir la solidaridad, que abarca tanto el altruismo como la prosocialidad. Pero ¿cuál es la diferencia entre altruismo y prosocialidad? El altruismo es que Marta decide lo que el otro necesita, Marta intenta solucionar o salvar la vida del otro, lo cual puede ser un auténtico fracaso. En primer lugar, porque Marta, sin haber escuchado antes al otro, no sabe lo que necesita, ya que sus soluciones son válidas solo para ella, lo cual no significa que resuelvan las necesidades del otro. Y en segundo lugar, porque, por muy buena intención que haya, Marta puede hacer al otro dependiente de su altruismo. Por su parte, la prosocialidad consiste en proporcionar al otro lo que de verdad necesita y le hace el mayor bien, no solo lo que demanda, y siempre desde la escucha y la empatía. La persona prosocial conoce al otro, le escucha, recuerda de él momentos significativos de su vida; ambos están conectados, generando el encuentro; se interesa por el otro y de alguna manera se lo hace saber; y, sobre todo, no se cree con la verdad absoluta, es flexible porque se conoce y no pretende salvar al otro desde su realidad, sino desde la del otro y en su compañía.

Tener la oportunidad de ayudar a alguien nos hace sensibles a distintas realidades, nos saca del ensimismamiento, nos enseña que la vulnerabilidad del otro da la oportunidad a las personas para actuar como seres humanos, aumenta nuestra creatividad y nos enseña a fluir en la adversidad, ya que la solidaridad es un fin en sí misma, sin recibir nada a cambio.

¿Por qué te cuento todo esto? Porque muchas veces, a través de la simpatía, cometemos grandes errores con el altruismo y caemos en la denominada «fatiga por compasión». Se trata de una dificultad manifiesta para separarse del dolor ajeno; incluso se establece un círculo vicioso en esa relación por el cual uno da mucho y el otro se acostumbra a demandar demasiado, y esto ocurre porque no se han puesto límites, por desconocimiento de las propias limitaciones y por confundir empatía y simpatía.

Como decía Pitágoras: «Ayuda a tus semejantes a levantar su carga, pero no te consideres obligado a llevársela».

La compasión se produce porque reconozco en el otro mi

propia vulnerabilidad. «Nada del otro me es ajeno», escribió Publio Terencio Africano en su obra *El enemigo de sí mismo*, del año 165 a. C. Esta frase condensa sentimientos de compasión, solidaridad, justicia y a la humanidad misma. Me predispone al encuentro, al perdón, ya que nada de lo que veo en el otro, por muy turbio que sea, me da pie a sancionarlo, pues si yo hubiera vivido su misma vida, ¿estaría en estos momentos corriendo su misma suerte?

Hay una emoción que puede acompañar al cambio, y es el miedo. Hemos hablado bastante del miedo y hemos visto cómo paraliza a la persona. Te propongo un ejercicio: apunta en un papel todos tus miedos, tengan o no razón de ser, y luego priorízalos. ¿Cuál te da más miedo? Si puedes, háblalo con una persona de confianza, enséñaselos y pídele que te ayude a mirarlos a la cara.

Cuando aprendemos a mirar el miedo a la cara, esas sombras deformes que antes proyectaba se acortan al cambiar el foco de iluminación, y pasan a enfocarle directamente; su cara, entonces, ya no nos parece tan terrorífica. Y si esto lo hacemos acompañados de otra persona, podrá darnos un punto de vista, desde el cariño y el respeto, sobre dichos miedos, y acompañarnos a afrontarlos y a soltarnos el hilo que nos atenazaba. Da igual que un pajarillo esté sujeto por un hilo o por una cadena, con ambos no puede volar.

Sigamos aterrizando y pasemos a hablar de la concreción, que es justo el punto donde puedo ser quien soy. Yo lo tengo claro: al igual que la inteligencia emocional es concreta, ¡yo también soy concreta!, y por lo tanto mi manera de ser también va a ser la concreción. En los actos pequeños del día a día es donde yo puedo ponerme en juego, donde yo puedo decidir quién quiero ser a través de mi forma de actuar y reaccionar.

Muchas veces me digo que jamás podría robar miles de

millones de euros porque no tengo ni siquiera acceso a un puñado de euros, pero sí puedo evitar una mala cara cuando mis hijos me dejan sin leche fría por la mañana, sí puedo agradecer que un nuevo día ha empezado justo cuando me levanto de la cama, sí puedo pararme delante de una flor de orquídea y conmoverme por su belleza, sí puedo decidir la mirada con la que quiero mirar al otro.

Yo no puedo tomar grandes decisiones en la vida porque no soy un gran gobernante ni tengo que dirigir equipos de miles de personas. Tal vez mis acciones solo afecten y, de manera tangencial, a seis personas en el mundo, dado que en mi familia somos seis, ¡pero me afectan de plano a mí! Estas pequeñas decisiones del día a día son las que me van dando forma para ser quien quiero ser.

Por ejemplo, durante la pandemia tenía la misma rutina que otro día cualquiera: me levantaba a las seis de la mañana, me duchaba, me arreglaba, me vestía exactamente igual que si fuera a la oficina y me ponía a trabajar, y todo esto lo hacía porque Marta quería ser quien es aun en las cosas pequeñas, ¡pues las cosas grandes se escapaban a mi influencia!

¿Me explico?

Te propongo hacer de lo ordinario algo extraordinario, no darlo por sentado, no esperar que esté ahí siempre, sino valorar cada segundo, cada minuto de tu vida. Piensa que lo que da la verdadera felicidad no es otra cosa que la conexión que hay entre mi interior con las acciones que realizo en el exterior, esa coherencia. Tómate las acciones del día a día como la traducción de lo que llevas dentro, dado que muchas veces no lo puedes plasmar con palabras. Tus acciones hablan de lo que hay dentro de ti y es una manera sencilla de conocerse. Cuando aparecen emociones negativas, generalmente es porque hay una desconexión, como nos decía Siegel, entre esos dos mundos; puede que mis acciones no reflejen verdaderamente cómo soy, o si lo hacen y no me agrada, entonces me están dando una información valiosísima, un camino por el que puedo comenzar el cambio.

Esta propuesta puede sonar algo revolucionaria ya que muchas veces esperamos eventos especiales, trenes que van a pasar, oportunidades que nos van a surgir para que todo cambie, pero en realidad es más sencillo que todo eso. No esperes más al mañana de la vida, ¡ya la estás viviendo aquí y ahora! Hoy mismo puedes empezar a ser quien quieres ser. Yo tenía un amigo que vivía solo y que todos los días se preparaba la mesa con mantel, servilleta, un salvaplatos bonito, una copa de agua y una copa de vino, ¡incluso usaba cubiertos especiales! Y todo esto no lo hacía porque él fuera vanidoso o se creyera mejor que nadie, sino porque era capaz de valorarse, de respetarse de tal manera que qué mejor que comer todos los días en una mesa bonita y no esperar a que viniera alguien de visita. Eso es hacer de lo ordinario algo extraordinario. La simplicidad de la belleza del día a día, tan cotidiana e insignificante, hace que nos volvamos insensibles a ella; sin embargo, si nos paramos, observamos y nos dejamos asombrar por ella, nos devuelve un significado tan profundo como emocionante.

Una última reflexión para terminar. Suele ocurrir que cuando alguien se descubre y se sorprende de sus capacidades, que no son nuevas y que han estado siempre ahí, pero que ahora, al cambiar el foco de visión, se iluminan, no puede evitar mirar al pasado y compararlo con el presente, y se juzga y se culpabiliza por no haberlo sabido antes, por no haber puesto remedio antes, por no haber hecho las cosas distintas sabiendo lo que ahora sabe. Pero ¿es eso justo? Yo creo que no. Sería absurdo condenar a tu yo del pasado con el aprendizaje del presente. Si el respeto profundo del otro implica respetar sus tiempos, sus emociones, sus destrezas y sus límites, reconocer sus dificultades y saber acompañarle en su afrontamiento, ¿por qué no haces lo mismo contigo?

Deja de sobrevivir y empieza a vivir

A estas alturas del libro ya te habrás dado cuenta de que, si cambias tú, cambia todo.

Abordemos entonces la difícil tarea del cambio. Si quieres cambiar y no sabes por dónde empezar, voy a darte unas cuantas pistas de lo que no debes hacer:

1. Empezar por tener un objetivo claro y bien definido es una utopía, lo que hay que tener claro y definido es que quién quieres ser y que tienes las ganas y la necesidad de cambiar; piensa que el cambio no es un fin en sí mismo, sino que el proceso de cambio es un medio para ser.
2. No hay que empezar un cambio teniendo clarísimos los pasos que vas a seguir, ya que cambiar es un proceso, y si lo tienes todo muy atado es muy probable que acabes frustrándote al no cumplirse tus expectativas. Ten en cuenta que este camino que comienzas te va a superar, esto es un hecho, igual que el proceso de ser persona nos supera; ni tenemos todos los recursos que necesitamos, y por eso necesitamos de los demás, ni todas las capacidades, por lo que deberemos aprenderlas y desarrollarlas poco a poco
3. Tampoco hay que empezar por lo más grande, porque

a veces tiene tal magnitud que antes de dar el primer paso ya nos ha aplastado, así que nos quedaremos sentados en la silla esperando a que pase otro tren por donde sí podamos empezar un cambio.

Teniendo claras estas tres indicaciones, lo que te propongo es empezar, primero, por el cuerpo, preguntándote: «¿cómo duermo?», «¿hace cuánto que no voy al médico?», «¿como saludable?», «¿me muevo?». Luego pasaría al espacio, y me haría estas preguntas: «¿estoy donde puedo ser?», «¿hay orden en mi habitación, en mis cosas?», y en este sentido, «¿hay espacio en mi vida o siento que en mi vida no cabe nada más?». Piensa que el cambio va a traer muchas cosas a tu vida, de modo que si no has hecho un hueco para colocarlas, solo recibirás tantas como espacio tengas; dicho de otro modo, si yo me voy a tomar unas cervezas con unos amigos y mi vaso siempre está lleno, ¿me servirán cerveza fresquita en mi vaso lleno? Obviamente, no. Para empezar un cambio, lo primero es hacer un hueco.

A continuación, debes preguntarte sobre el tiempo. Se trata de un tema complicado porque, si no lo tienes, no lo puedes dedicar al cambio. Pero dime una cosa, ¿cuánto tiempo pasas pensando en tus cosas, o pensando mal de alguien por una ofensa que te haya hecho, o mirando el móvil, o rumiando? Es decir, si no tienes tiempo para llamar a esa persona que sabes que lo necesita, o para leer un cuento a tus hijos o, incluso, no tienes tiempo para ti, entonces ¡agárrate porque vienen curvas! El cambio requiere tiempo porque las personas nos horneamos *piano, piano*, poco a poco; el problema es que estamos acostumbrando a nuestro cerebro a ir a un ritmo para el que no está creado y entonces exigimos a la otra persona o a nosotros mismos esa velocidad de cambio, porque vivimos en una sociedad donde en un minuto se genera toda esta ingente cantidad de datos, de cambios...

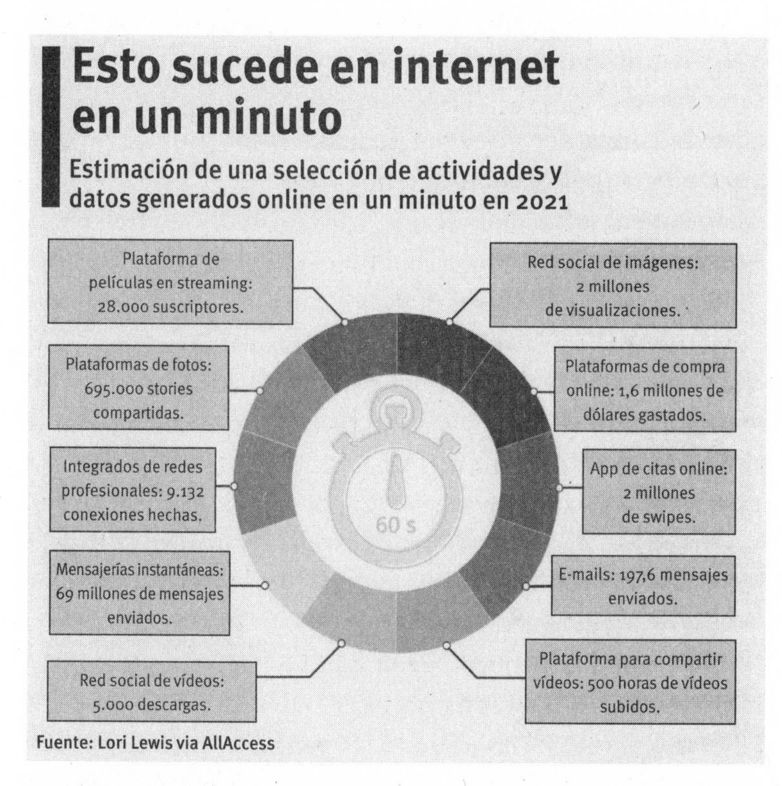

Definitivamente, intentar cambiar al ritmo que cambia el mundo no es ni razonable ni sano ni tiene ningún sentido. Tal vez podemos empezar por priorizar nuestro tiempo y usar el que hemos recuperado para ser en toda nuestra dimensión.

Lo primero que hay que hacer es eliminar los llamados «ladrones del tiempo», y los más frecuentes son:

- Intentar hacer varias cosas a la vez, lo cual es imposible porque acabas no haciendo ninguna de manera eficaz: intentar estudiar mientras suena música, tener varias pantallas del ordenador abiertas, entre ellas las redes sociales, contestar wasaps o emails, las notificaciones... Imposible.
- No saber decir que no, no conocer los propios límites e intentar llegar a todo uno solito.
- No tomar decisiones, y procrastinar y dilatar en el tiempo...
- No saber escucharse o escuchar al otro. (Siempre me he preguntado cuánto tiempo se ahorraría si en vez de oír, escucháramos; haríamos los recados a la primera, evitaríamos malos entendidos, no se perdería información importante...).
- ¿Recuerdas cuando en el capítulo 2 decía que hablamos más del 80 por ciento con nosotros mismos, y que si hay algo genuinamente humano es el uso de la libertad por medio de la voluntad? Esto me lleva a otra reflexión: ¿por qué muchas veces nos sorprendemos pensando cosas de manera involuntaria? El acto humano implica el uso de la voluntad y, de repente, hay un acto que es encontrarnos pensando, donde muchas veces no interviene esa voluntad y, sin embargo, empleamos muchísimo tiempo y energía en esos pensamientos, incluso les damos mucho valor y hasta llegamos a confiar en ellos. ¿Cómo es eso posible?
- La hiperconexión y el consumismo. El cerebro se modifica con la pantalla; la neuroplasticidad es una realidad, para bien o para mal. Esto quiere decir que si acostumbro a mi cerebrito a estar constantemente estimulado con nuevas noticias, likes o chispazos de adrenalina, como

diría Marian Rojas, pues al final la vida se vuelve insulsa, insípida y monótona, y ese vacío empieza a crecer y a crecer, y entonces entra en escena el consumismo como un intento de taponar el agujero negro del vacío, llenándolo de compras, comida, experiencias, sensaciones generadoras de dopamina o de muchas otras cosas que no son capaces de cerrarlo. Solo cuando me paro, reflexiono y cambio el foco en busca del sentido de todo ello soy capaz de entender que ese vacío no es malo, que habla de mi humanidad, y que tal vez otro puede ayudarme a convivir con él.

- No escuchar hace que no sepamos por dónde ir, cuál es el camino más directo al otro o a mí, que tomemos alternativas sin tener información ni estrategia, o actuar por impulso. Y en este punto juega un papel importante la crítica; cuando dos personas se juntan y no se escuchan la una a la otra, sino que se alienan para criticar a otro (se alienan, sí, porque no van a salir igual de esa conversación), el cortisol aumenta y la distancia se agranda.

Decía Emmanuel Lévinas: «Es violencia toda acción en la que uno actúa como si estuviera solo», y san Agustín dijo: «Nos hiciste, Señor, para Ti, y nuestro corazón está inquieto hasta que descansa en Ti». Ambas citas son distintas, pero vienen a ilustrar que el encuentro con el otro es el que nos da pie a ser.

Daniel Siegel y David Rock nos proponen «el plato de la mente sana» y nos indican que en un día cualquiera el tiempo nos tiene que dar para realizar estas actividades que nos ayudarán a optimizar nuestro bienestar mental:

- Tiempo de sueño.
- Tiempo de actividad física.
- Tiempo de concentración y focalización.
- Tiempo de conexión e interacción con los demás.
- Tiempo de juego o esparcimiento, creatividad e improvisación.
- Tiempo de inactividad, relajarse sin un objetivo que cumplir.
- Tiempo interior para ayudarnos a integrar pensamientos, emociones y acciones.

¿Cuántos de estos nutrientes están en tu dieta de manera habitual? ¿Hay equilibrio? Es un maravilloso ejercicio para equilibrar nuestra dieta mental, sin excesos ni restricciones, ya que todos deben estar presentes, personalizando la dieta a la persona concreta.

Leyendo este libro te habrás dado cuenta de que hay muchas cosas que han cambiado, te reconocerás en lo esencial, espero, pero también habrá algunas que hayas perdido, y otras, tal vez, las hayas descubierto por primera vez, y entonces te preguntes: ¿y ahora quién soy yo? En este proceso que hemos recorrido ha habido un poco de todo, y habrás reflexionado y te habrás escuchado, quizá al principio de una manera muy autoritaria, muy de perfección. Confío en que tu diálogo interior haya ido cambiando y lo hayas adaptado al cariño y al respeto.

Por este motivo, quiero recordarte de nuevo que no estás ante un dilema, que la vida no es blanca o negra, no es un «sí» o un «no», no es «si no me subo a este tren, no habrá otro que pase». Esa no es la vida. La vida es un proceso que merece la pena ser vivido y que se presenta con muchos problemas,

problemas que no son dicotómicos, sino que, si usas tu creatividad y pones en juego tus recursos, tus emociones, tu razón y tu inteligencia, serás capaz de encontrar muchas soluciones a ese problema, y luego, si pones en juego tus valores, tu autoestima, y tal vez te dejas acompañar por alguien capacitado, serás capaz de tomar la decisión más adecuada para ti y para el otro. De todos modos, si esto no ocurre, quiero que te quedes con la idea de que nada es definitivo, nada es irrevocable excepto la muerte, y para eso nos queda un tiempo.

Seguimos en construcción, y eso significa que no está todo dicho sobre nosotros. Aunque bien es verdad que tenemos nuestro pasado, nuestra infancia, nuestra herencia genética, las historias de nuestra familia y lo que ha vivido cada uno. Eso sin duda lo tenemos. Lo que toca hacer ahora con todo ello, con la persona que somos, es construirnos. Y cada uno tenemos un momento vital diferente. Cada persona que haya leído este libro tiene la oportunidad de seguir construyéndose, independientemente de las cargas que lleve a la espalda.

Yo hasta el día que me muera espero estar construyéndome, en correspondencia a ese sentido de la responsabilidad del que hemos hablado, porque tengo una misión en esta vida y porque yo y el otro nos necesitamos. Es un acto de justicia.

Si te sientes llamado a la acción, me sale preguntarte: normalmente, ¿desde dónde actúas?, ¿desde la imposición o desde la proposición? Porque está claro que no son lo mismo. La imposición te exige inmediatez, no da lugar a la reflexión y te esclaviza; la proposición te invita a reflexionar, a darte espacio para decidir en libertad a ser. Son puntos que te propongo para revisar tu diálogo interior.

Pablo d'Ors propone una idea interesante cuando dice que nos hemos sobrevivido a nosotros mismos, que hay biología pero no biografía. Pablo nos habla de la unicidad del universo con uno mismo, de cómo, a través de la meditación, ha llegado a comprender que no es él y, por otro lado, el mundo, sino que es el mundo el que vive en él y él en el mundo y, por consiguiente, esa búsqueda angustiosa de la seguridad nos lleva a impedir que fluyamos en el transcurso de la vida, hasta que un buen día deja de fluir definitivamente. ¿Cambia en algo tu perspectiva si consideras cierta la idea de Pablo? ¿Qué significaría para ti que seas uno con el mundo?

Hemos escuchado muchas veces que la realidad supera la ficción, y es totalmente cierto: la realidad es muchísimo mejor que la idea que tenga yo en la cabeza, entre otras cosas, porque la idea es solo eso, un pensamiento, no es real. Solo por eso, por ser real, merece nuestra atención.

Como ya hemos indicado, estamos hechos por y para Amar con mayúsculas, pero no se trata de un amor romántico que lo único que busca es mi propio beneficio, o que el otro responda las preguntas que yo no soy capaz de responder, o que el otro me entregue lo que yo no soy capaz de entregarme. El amor romántico me predispone a buscar en el otro mi propia felicidad; más aún, me predispone a exigirle que me dé esa felicidad. Vamos a encaminarnos a un Amor con mayúsculas que implique nuestra libertad y, por lo tanto, nuestra capacidad de compromiso. A través de mis propios dones debe surgir una motivación intrínseca hedonista de ponerlos al servicio del otro para favorecer el encuentro. Estamos hechos para amar a personas concretas y no a su idealización. Como veíamos, la realidad es concreta y supera con creces la ficción, por eso merece la pena detenernos en la realidad y dejarnos de ideales inalcanzables y dañinos. Y vuelvo a Pablo d´Ors cuando dice: «El esfuerzo pone en funcionamiento la voluntad y la razón; la entrega, en cambio, la libertad y la intuición».

¿Qué amores románticos tengo yo en mi vida? ¿Qué cosas o a quiénes reverencio? ¿Realmente me hacen libre estos ídolos o me están esclavizando?

En el encuentro con el otro en la comunicación te propongo lo siguiente: prioriza la relación antes que el deseo de llevar la razón. Y te voy a contar por qué a través de un cuento enfocado:

> Había una vez, en un pueblo de las montañas, tres sabios ciegos que habían oído hablar de un entretenimiento que se llamaba «circo». Cuál fue la suerte de estos tres sabios que en el mes de mayo el circo se acercó al pueblo. Entusiasmados imaginando los animales que habría en el circo, se acercaron para conocerlos.
>
> El primer animal que conocieron fue un elefante, y tan impresionados quedaron del majestuoso animal que no pudieron evitar comentarlo. «Es un animal curioso. Teniendo unas alas enormes, no tiene plumas y no vuela», dijo el primero después de palparle las orejas. «Eso no puede ser. Teniendo una cola tan delgada y peluda, seguro que le sirve para agarrarse a los árboles, como los monos», comentó el segundo». Y el tercero, que ya había tocado la tripa del animal, dijo: «Compañeros, los dos andáis errados. Debe de ser tan grande como un edificio, inabarcable».
>
> Así estuvieron discutiendo un largo rato hasta que uno de ellos dijo: «Creo que todos tenemos razón. Lo que está ocurriendo es que cada uno ha tenido la oportunidad de descubrir una parte del animal, por eso no nos ponemos de acuerdo». Y los tres rieron con gusto por la ocurrente situación.

Muchas veces queremos convencer al otro, llevar la razón, y sacrificamos los beneficios del encuentro. La risa, a través del humor, puede destensar estas situaciones. Por que, ¿qué es la risa si no una manifestación propiamente humana? La sonrisa aparece en el niño alrededor de las cinco semanas, y la risa, alrededor de los cuatro meses. Hay muchos tipos de risas, y todas son reconocibles en cualquier cultura.

El humor anda detrás de la risa. El humor es «un líquido del cuerpo de un animal o planta». Los griegos tenían la teoría de los cuatro humores, e indicaban que la mezcla equilibrada de ellos permitía tener una visión serena de la vida. El humor es una disposición del ánimo a percibir la vida de un modo más amable, más positiva, que nos permite vivir de una manera más serena.

Así pues, no menosprecies la eficacia del humor en el encuentro con el otro porque puede deshacer un nudo en la garganta y acercar posturas. Todavía me acuerdo de las peleas que, de recién casados, tenía con mi marido por cosas nimias, por manías que cada uno traía consigo («Porque en mi casa se hace así...»), y cómo Mostachef, que tiene un sentido del humor muy desarrollado, siempre destensaba con un juego de palabras.

Me he encontrado a personas en el camino que han querido cambiar, que lo han visto necesario, por sentir angustia en su vida, por ejemplo, pero que a la hora de cambiar no han sido capaces.

Vamos a hablar de la resistencia al cambio, por muy claro que se vea la necesidad de este. Puede tener varias causas:

- Que la persona se sienta incapaz de afrontarlo.
- Que dude de sus capacidades a la hora de mantener el cambio realizado.
- Que haya falta de motivación.
- Que las metas planteadas no sean realistas.

- Que haya confusión en el planteamiento del cambio.
- Que vaya a modificar los vínculos relacionales con otra persona y esto no esté suficientemente reflexionado.

A veces puede ocurrir por la aparición de la ambivalencia: ni contigo ni sin ti, una de cal y otra de arena. En el caso de tener emociones contrarias de manera simultánea, Kurt Lewin establece cuatro categorías:

1. Conflicto de aproximación-aproximación: tengo que elegir entre dos alternativas que *a priori* son deseables.
2. Conflicto de evitación-evitación: tengo que elegir entre dos alternativas que me son desagradables.
3. Conflicto aproximación-evitación: tengo una opción y me genera emociones positivas y negativas.
4. Conflicto de múltiple aproximación-evitación: existen varias alternativas que tienen aspectos positivos y negativos.

Con frecuencia nos encontramos ante conflictos de aproximación-evitación frente al cambio; es decir, le vemos su parte buena pero también la mala. Si esto te frena a la hora de afrontar un cambio, ¡no te preocupes!, forma parte del proceso. Por otro lado, puedes hacer una lista de pros y contras del cambio y luego priorizarlos teniendo en cuenta tus valores. También puedes responder estas preguntas: ¿qué pasaría si cambio?, ¿de qué manera me beneficia cambiar?, ¿considero que puedo cambiar?, ¿cuál es el coste de este cambio?, ¿puedo abordarlo solo o me ayudaría pedir ayuda?

Ante tu resistencia al cambio, en primer lugar, reconócela, no intentes enmascararla con razones; admite que la tienes aunque no entiendas el motivo. Puedes llevar al extremo tu resistencia, ¡a ver qué pasa! ¿Cómo te hace sentir? Identifica cuál es la ambivalencia, a qué no quieres renunciar o qué esfuerzo no quieres realizar. Date un respiro; si hace un tiempo que estás enfrascado en afrontar un cambio y por algún motivo no lo llevas a cabo, date unos días para coger oxígeno, de este modo las ideas y las emociones irán asentándose. ¿Hay algún paso intermedio que puedas dar antes de afrontar el cambio definitivo? A veces los pequeños pasos nos encaminan de manera más certera al afrontamiento del cambio. Todo proceso de cambio tiene un protagonista, ¡y ese eres tú!, lo abordes acompañado o no; tú eres el que tiene el control sobre el cambio. Y, por último, responde a estas dos preguntas: ¿qué significaría para ti no cambiar?, y ¿qué significaría para ti cambiar?

Hasta ahora has errado sin rumbo en tu vida, tal vez quieras convertirte en peregrino:

- El peregrino conoce el camino, aunque lo reconoce cuando lo recorre.
- El peregrino conoce su destino, aunque no tenga cien por cien controlado el viaje.
- El peregrino confía en sus capacidades y las valora, aunque no por ello deja de lado la humildad.
- El peregrino sabe que hay etapas que andará solo, aunque también sabe que muchas otras las hará en compañía.
- El peregrino sabe que la vida es un camino, aunque intuye que la muerte no es el final.
- El peregrino se ha cansado de vagar y por eso ahora sabe adónde va.

No me gustaría terminar este libro sin hacer una puntualización. Es posible que, aun teniendo un recorrido vital aceptable, hayas descubierto cuál era tu proyecto de vida, para lo que habías nacido, y, aun así, la vida misma y las circunstancias no te han permitido realizarlo, o tal vez porque cuando tenía que ser, tú no confiabas suficientemente en ti, o tal vez porque cuando llegaste a confiar en ti, ya no tenía que ser, y ahora te encuentres, muy a tu pesar, que estás sobreviviendo.

Si esa es tu situación, ¡te traigo una buena noticia! Puede ser que el proyecto de vida que estás llevando ahora no sea el que un día soñaste, y lo siento de corazón. Sin embargo, ¡la felicidad aún es posible, créeme!

Si nos centramos en los tres factores que de manera específica contribuyen a la felicidad, según Sonja Lyubomirsky, y el porcentaje de su contribución a la misma, podemos hablar de que:

- La genética influye un 50 por ciento sobre tus características personales, afectivas y de temperamento. Esto es muy estable, no varía con el tiempo. Recuerda que la parte que puedes variar con el tiempo es el carácter.
- Las circunstancias, las variables sociales, demográficas, el nivel socioeconómico, increíblemente representan solo el 10 por ciento

¿Y qué representa el restante 40 por ciento?

- La actividad intencional, esto es, tus acciones concretas, prácticas, las que realizas poniendo en juego tu libertad, a través de la intuición y la voluntad. Este es el margen que tienes para el cambio y la mejora personal.

Este 40 por ciento te abre a la posibilidad de que, aunque la genética y las circunstancias vitales que te rodean no sean las más propicias para tu desarrollo personal, a través de tus acciones diarias puedas cambiar la angustia por la tranquilidad, la esclavitud por la entrega, el hastío por la novedad, y alcanzar la felicidad.

Si añadimos a este 40 por ciento el amor y la entrega con las que puedes hacer las cosas, ¡todo cambia! Porque, en vez de estar gastando tu vida, la estás entregando; en vez de sentir que te han robado tu proyecto personal, puedes llegar a sentir que eres capaz de adaptarte a este cambio de rumbo, que todavía tienes capacidad de decisión, a pesar de la adversidad, que mereces la pena aunque nadie te lo reconozca y que, de una vez por todas, llegues a reconocer que tu vida tiene sentido aun cuando nadie repare en ello, ¡porque tú sí has reparado en ello, y eso ya tiene un valor incalculable!

Quiero contarte que yo, antes de recorrer todo este camino que es *Cambiando el foco*, tenía un plan seguro:

- Antes tenía un horario organizado.
- Antes sabía que después de hoy venía mañana.
- Antes sabía que los «findes» eran uno para nosotros y otro para la familia.
- Antes sabía los tiempos del tráfico.
- Antes tenía claro nuestros seis horarios.
- Antes conocía los pros y contras de que los niños fueran o no a la guardería.
- Antes salía sin preocupación o con distintas preocupaciones de mi casa.
- Antes el otro era el otro y yo era yo.
- Antes controlaba y aseguraba, perfeccionaba.
- Antes...

Antes daba demasiadas cosas por sentado.

Ahora me levanto con una sonrisa agradecida y dejo el antes para otro momento.

¡Ahora vivo!

Nada es ahora como lo fue hace un segundo. Estamos en un cambio constante, maravilloso e intrigante.

CUENTO ENFOCADO 1*

> Un enorme león se hallaba un día durmiendo al sol cuando un pequeño ratón tropezó con su zarpa y lo despertó. El león iba a engullirlo, cuando el pequeño ratón gritó: «¡Oh, por favor, déjame ir! Algún día puedo ayudarte...». El león se rio ante la idea de que el pequeño ratón pudiera ayudarle, pero tenía buen corazón, y lo dejó en libertad.
>
> Algún tiempo después, el león quedó atrapado en una red, tiró y se revolvió con todas sus fuerzas, pero las cuerdas eran demasiado fuertes. Desesperado, dio un potente rugido. El ratón lo oyó y corrió hacia él. «Tranquilo, querido león, yo te pondré en libertad, roeré las cuerdas con mis afilados dientes», dijo el ratón, y cortó las cuerdas para salvar al león de la red. «Una vez te reíste de mí —dijo el ratón—, creías que yo era demasiado pequeño para ayudarte, pero, como ves, hoy le debes la vida a un pequeño y humilde ratón».

¿Consideras que todos tenemos un valor, independientemente de nuestra condición?

¿Sabes apreciar el valor de lo pequeño?

¿Valoras la ayuda en el momento oportuno?

* Cuento tomado de Esopo.

CUENTO ENFOCADO 2

Había una vez cuatro individuos llamados «Todo el Mundo», «Alguien», «Nadie» y «Cualquiera». Siempre que había un trabajo que hacer, Todo el Mundo estaba seguro de que Alguien lo haría. Cualquiera podría haberlo hecho, pero Nadie lo hizo. Cuando Nadie lo hizo, Alguien se puso nervioso porque Todo el Mundo tenía el deber de hacerlo. Al final, Todo el Mundo culpó a Alguien cuando Nadie hizo lo que Cualquiera podría haber hecho.

¿Has reflexionado sobre tu papel en el mundo?

¿Todavía sigues pensando que Alguien puede hacer lo que solo tú puedes hacer?

¿En qué momentos concretos haces lo que hace Todo el Mundo o tomas tus propias decisiones?

CUENTO ENFOCADO 3

Había una vez, hace cientos de años, un hombre que caminaba una noche por las oscuras calles de una ciudad de Oriente llevando una lámpara de aceite encendida. La ciudad era muy oscura en las noches sin luna como aquella.

En un determinado momento se encontró con un amigo. Este lo miró y, de pronto, lo reconoció, se dio cuenta de que era Guno, el ciego del pueblo. Entonces le dijo:

—¿Qué haces, Guno, un ciego como tú, con una lámpara en la mano si tú no ves?

Y el ciego le respondió:

—Yo no llevo la lámpara para ver mi camino porque conozco la oscuridad de las calles de memoria. Llevo la luz para que otros encuentren su camino cuando me vean a mí... No solo es importante la luz que me sirve a mí, sino también la que yo uso para que otros puedan servirse de ella.

¿Has descubierto tu luz interior?

¿Eres capaz de poner tu luz interior al servicio del otro?

¿Has sido testigo de cómo tu luz ha alumbrado a una persona que estuviera sufriendo o que estuviera perdida?

¿Está hecha tu luz para guardar debajo de la cama o para ponerla en lo alto del celemín y que alumbre la entrada de tu casa?

Ejercicio

Tras la lectura del libro, respóndete a estas preguntas:

- ¿Te emociona la idea de conocerte más profundamente?
- ¿Qué destacarías de ti? ¿En qué crees que necesitarías mejorar?
- ¿Qué tienes ahora que antes no tenías?
- ¿Qué tenías antes que ya no tienes?
- ¿Crees que has aprendido a vivir o todavía te queda?
- ¿Cómo te definirías en este momento de tu vida?
- ¿Cómo definirías tu autoestima?
- ¿Qué emociones te nacen si piensas en la vida que tienes por delante?

EPÍLOGO

Acabo de terminar el libro y tengo la sensación de que no he descubierto nada nuevo, mis palabras no son novedosas a tus oídos, creo que puedes llegar a reconocer muchos mensajes que antaño te hicieron reflexionar, pero como dice André Gide: «Todas las cosas han sido dichas ya, pero como nadie escuchaba, es necesario decirlas de nuevo».

Insisto en que el cambio y el encuentro se dan de persona a persona, que decía la Madre Teresa. Con que solo una persona se haya cuestionado a sí misma, solo una, tras leer este libro, entonces escribirlo habrá merecido la pena con todos sus sacrificios. Dejemos el mundo global para irnos al mundo de lo concreto, de lo individual, sin olvidar que da fruto en comunidad, pero que la relación de persona a persona es insustituible, y que cada uno de nosotros merece ese trato personal e individualizado, merece encontrarse con otro que le sepa escuchar y acoger, que le acepte como es y le acompañe en el camino.

¿Es acaso este libro una utopía o podemos hacerlo realidad? No hemos nacido para estar solos, hemos nacido para ser quienes somos y para dar fruto abundante en el encuentro persona a persona. Estamos necesitados de una mirada indulgente, de una caricia cercana, de un abrazo fraterno, de una palabra empática, de un gesto de comprensión. Todo ello nos enraíza con nuestro yo y con nuestro presente, nos sirve de ancla en la tempestad y nos da un puerto al que volver tras ella.

No lo dejes, ¿actúas así en tu vida? Y después de leer este libro, ¿ha cambiado algo?

¡Porque esto es Vivir con mayúsculas!

Deja lo artificial para volver a la humanidad.

Y el signo visible de que el cambio se ha dado será la alegría, ella será tu baluarte. Aunque sea en el sufrimiento, no dejarás de ser quien eres felizmente.

Cambias tú, cambia todo, cambia el foco.

La verdadera aventura no está en la experiencia o en el tener o en el emocionarse. ¡La verdadera aventura está en ser tú mismo! No lo olvides.

> Hay tres tipos de personas en el mundo: los inamovibles, los movibles y los que se mueven.
>
> BENJAMIN FRANKLIN

AGRADECIMIENTOS

Verdaderamente no sé cómo empezar a agradecer, tengo la sensación de que al comenzar no voy a saber cómo terminar. La palabra agradecer para mí significa «emocionar el alma», es esa sensación de gozo que me lleva a la plenitud, que me lleva a apreciar cosas que antes me habían pasado desapercibidas. Me da una mirada nueva, la oportunidad de volver a vivir algo como novedad, con ilusiones renovadas. Cada lunes de estos tres años que llevo en Instagram los he dedicado a esta palabra «agradecer» para que los lunes fueran un lugar de agradecimiento y cambiar, así, el tono emocional con el que se inicia la semana.

Agradezco primero a Dios por haberme creado, por haberme salvado de una muerte prematura al inicio de mi andadura en la tierra. Yo nací sietemesina e iba a ser sorda, ciega, no iba a poder andar y aquí estoy: ¡VIVIENDO! Gracias por ayudarme a conservar la paz en las grandes tempestades que azotan mi vida.

Agradezco a mis padres por todos sus desvelos, por su amor incondicional y por haber luchado por mi vida aun cuando yo no era capaz o la quería tirar por la borda. Porque sois mis primeros referentes en el acompañamiento y ¡no lo habéis hecho mal del todo!, os quiero con locura, con esa locura que tantas veces me señaláis y que hace, de nuestra vida juntos, un no parar de sorpresas, no todas agradables, pero sí todas vividas juntos.

Agradezco a mis hermanas porque, aunque siempre me veréis como la hermana pequeña, a veces, os esforzáis para que no se note y ¡os lo agradezco!, porque sois un referente y un reto para mí, si hay alguien que tiene la capacidad para sacarme de mi zona de confort, aparte de mis propios hijos, sois vosotras y eso, para mí, tiene un valor incalculable porque ¡me ayuda a cambiar la mirada!

Agradezco a mis champiñonas, os podéis imaginar que son esas hermanas del alma que he tenido la gran suerte de que hayan decidido quedarse a mi lado, ¡vamos caminando alguna más de 35 años! Lo hemos vivido prácticamente todo juntas y habéis sabido sostenerme en todas y cada una de mis dificultades y no salir huyendo cuando el sufrimiento me deshacía. Me habéis enseñado a acoger, aceptar, a no juzgar y, sobre todo, a reír y a reírme de mí misma, de mi forma de bailar, de mi intensidad al vivir mi vida...

Agradezco a mis niños porque vosotros vivís, ¡enfocando el cambio en nuestra vida!, a vuestra manera, con vuestro toque personal y eso me asombra ya que sois capaces de recibir con generosidad nuestras directrices como padres porque, sabed mis pequeños, que hemos metido y meteremos la pata muchas veces con vosotros, aunque intentamos con toda nuestra voluntad, nuestra inteligencia y nuestro corazón no hacerlo.

Agradezco a Fernando que haya apostado por mí todos los días desde el 24 de mayo del 2008 que nos conocimos, por tenerlo claro, por tirar hacia delante cuando todo parecía perdido, por cambiar juntos, por no desesperar, por ser aliento y eco en mi sufrimiento, por guardar las distancias que respetan y sostienen. Por amarme y dejarte amar.

Agradezco a mis profesores, y en especial a Ana Fernández, por acompañarme a cada paso que he dado, por darme la oportunidad de desaprender, por corregirme con cariño y respeto, por presentarme alternativas, por ayudarme a pensar y a comprobar que otra manera de escuchar, no solo es posible, sino necesaria y mucho más eficaz. Por animarme en momentos complicados, y alentarme en otros tantos, por escribir ellos sus propios libros para darme la oportunidad de formarme, por su tiempo y por cada una de sus palabras.

Agradezco a Jara, Bea y Alma porque con cada una de ellas el proyecto de *Cambiando el foco* dio un paso adelante.

Agradezco a esta editorial por su cuidado en la selección y propuesta de títulos, por cómo Oriol me ha acompañado en todo el proceso y por sus tonos de voz tan naturales ante mis ideas un poco estrafalarias, por su confianza y autenticidad, por su disposición y compromiso con el proyecto y a todas las personas que trabajan en Penguin Random House, por hacer posible la edición de «las palaras del encuentro», con la ficción, con la historia, con un sueño, con una persona, dependiendo de la temática del libro.

Y por último no quería dejar de agradecerte a ti, que te has decidido a leer este libro, que me das una oportunidad cada día en Instagram, que valiente y humildemente te predispones a leer, reflexionar, trabajar y crecer hacia tu mejor versión, que de manera generosa te vas a dedicar tiempo a ti y a los demás, que compartirás este libro y todo lo que eso conlleva,

GRACIAS.

BIBLIOGRAFÍA

Aguinis, Marcos, *Elogio de la culpa*, Barcelona, Planeta, 2003.

Alemany Briz, Carlos, *La comunicación humana: Una ventana abierta*, Bilbao, Desclée De Brouwer, 2013.

Belda Moreno, Rosa María, *Tomar decisiones*, Boadilla del Monte, PPC, 2015.

Bermejo, José Carlos, *Cuentos que sanan*, Bilbao, Sal Terrae, 2017.

—, *Espiritualidad para ahora*, Bilbao, Desclée De Brouwer, 2017.

—, *Humanización y counselling*, Bilbao, Sal Terrae, 2022.

Bisquerra Alzina, Rafael, *et al.*, *Inteligencia emocional en educación*, Madrid, Síntesis, 2015.

Bisquerra, Rafael, *10 ideas clave: Educación emocional*, Barcelona, Graó, 2016.

Bisquerra Alzina, Rafael, y Giselle Laymuns Heilmayer, *Diccionario de emociones y fenómenos afectivos*, Valencia, PalauGea Comunicación, 2016.

Blakemore, Sarah-Jane, y Uta Frith, *Cómo aprende el cerebro,* Barcelona, Ariel, 2011.
Cyrulnik, Boris, *Psicoterapia de Dios: La fe como resiliencia*, Barcelona, GEDISA, 2018.
D'Ors, Pablo, *Biografía del silencio*, Barcelona, Galaxia Gutenberg, 2020.
—, *Biografía de la luz*, Barcelona, Galaxia Gutenberg, 2021.
Damasio, Antonio R., *Y el cerebro creó al hombre*, Barcelona, Destino, 2010.
Dianine-Havard, Alexandre, *Del temperamento al carácter*, Pamplona, EUNSA, 2019.
Fernández-Abascal, Enrique G., *Emociones positivas*, Madrid, Pirámide, 2013.
Frankl, Viktor, *El hombre en busca de sentido*, Barcelona, Herder, 2005.
Gendlin, Eugene T., *Focusing: Proceso y técnica del enfoque corporal*, Bilbao, Mensajero, 2002.
Gervilla, Enrique, *Valores del cuerpo educando*, Barcelona, Herder, 2000.
Guardini, Romano, *La aceptación de sí mismo*, Madrid, Ediciones Cristiandad, 1981.
Harris, Russ, *La trampa de la felicidad*, Barcelona, Planeta, 2017.
L'Ecuyer, Catherine, *Educar en el asombro*, Barcelona, Plataforma, 2012.
Llenas, Anna, *Vacío*, Barbara Fiore Editora, 2015.
López González, Luis, *Educar la interioridad*, Barcelona, Plataforma, 2015.
Magaña, Marisa, y José Carlos Bermejo, *«Modelo humanizar» de intervención en duelo*, Bilbao, Sal Terrae, 2014.
Martín Ovejero, José Luis, *Tú habla, que yo te leo*, Barcelona, Aguilar, 2019.

Martínez, Ana, y José Carlos Bermejo, *El trabajo en equipo*, Bilbao, Sal Terrae, 2009.

Nouwen, Henri J. M., *El sanador herido*, Boadilla del Monte, PPC, 2004.

Núñez Pereira, Cristina, *et al.*, *Emocionario: Di lo que sientes*, Llanera, Palabras Aladas, 2018.

Orón Semper, José Víctor, *Conoce lo que sientes*, Zaragoza, Fundación UpToYou Educación, 2020.

Pecci, Gioachino, *La práctica de la humildad*, Madrid, Rialp, 1978.

Rogers, Carl R., *El proceso de convertirse en persona*, Barcelona, Paidós, 1996.

Rojas, Enrique, *No te rindas*, Barcelona, Temas de Hoy, 2011.

Rosini, Fabio, *El arte de recomenzar*, Madrid, Rialp, 2018.

Sacks, Oliver, *El hombre que confundió a su mujer con un sombrero*, Barcelona, Anagrama, 2017.

Siegel, Daniel J., *Guía de bolsillo de neurobiología interpersonal*, Barcelona, Eleftheria, 2016.